POURQUOI PUNIR ?

www.librairieharmattan.com
diffusion.harmattan@wanadoo.fr
harmattan1@wanadoo.fr

ISBN : 2-296-00711-2
EAN : 9782296007116

Xavier BEBIN

POURQUOI PUNIR ?

L'approche utilitariste de la sanction pénale

Préface de
Alain-Gérard SLAMA

L'Harmattan
5-7, rue de l'École-Polytechnique ; 75005 Paris
FRANCE

L'Harmattan Hongrie
Könyvesbolt
Kossuth L. u. 14-16
1053 Budapest

Espace L'Harmattan Kinshasa
Fac..des Sc. Sociales, Pol. et
Adm. ; BP243, KIN XI
Université de Kinshasa – RDC

L'Harmattan Italia
Via Degli Artisti, 15
10124 Torino
ITALIE

L'Harmattan Burkina Faso
1200 logements villa 96
12B2260
Ouagadougou 12

Logiques politiques

Collection dirigée par Yves Surel

Créée en 1991 par Pierre Muller, la collection « Logiques politiques » a pour vocation principale de publier des ouvrages de science politique, ainsi que des livres traitant de thématiques politiques avec un autre angle disciplinaire (anthropologie, économie, philosophie, sociologie). Elle rassemble des recherches originales, tirées notamment de travaux de doctorat, ainsi que des ouvrages collectifs sur des problématiques contemporaines. Des séries thématiques sont également en cours de développement, l'une d'entre elles visant à publier des ouvrages de synthèse sur les systèmes politiques des États-membres de l'Union européenne.

Dernières parutions

Sylvain CREPON, *La nouvelle extrême droite, enquête sur les jeunes militants du Front National*, 2006.
Guilhem BRUN, *L'agriculture française à la recherche d'un nouveau modèle,* 2006.
Rodrigue CROISIC, *La société contre la politique. Comment la démocratie est venue aux Guadeloupéens*, 2006.
Nicholas SOWELS, *Les Conservateurs et la réforme de l'Etat et des services publics en Grande-Bretagne* (1979,1997), 2005.
Marco GIUGNI, Florence PASSY, *Le miroir de la nation,* 2005.
Sandrine DEVAUX (dir.), *Les nouveaux militantismes dans l'Europe élargie*, 2005.
Pierre MARTIN, *Dynamiques partisanes et réalignements électoraux au Canada (1867-2004)*, 2005.
Martin AGUILAR SANCHEZ, *Mouvements sociaux et démocratie au Mexique. 1982-1998*, 2005.
Gregor STANGHERLIN, *Les acteurs des ONG*, 2005.
Philippe HAMMAN, *Les transformations de la notabilité entre France et Allemagne*, 2005.
Damien HELLY et Franck PETITEVILLE (sous la dir.), *L'Union européenne, acteur international*, 2005.

Remerciements

Cet ouvrage est issu d'un travail de recherche universitaire soutenu à l'Institut d'Études Politiques de Paris.

Je voudrais tout d'abord manifester ma reconnaissance à Bernard Manin, grâce à qui j'ai pu mener à bien ce projet qui me tenait à cœur depuis plusieurs années.

Je voudrais ensuite remercier tous ceux qui ont accepté de relire tout ou partie du manuscrit et d'y apporter leurs commentaires critiques : Nicolas Baumard, Clément Beaune, Gaëlle Bebin, Nicolas Braconnay, Yves Citton, Guillaume Descottes, Bertrand Guillarme, Marie-Laure Leroy, Loïc Malbrancke, Jean-François Mignot, Martin Pigeon, Yvonne Steyger et Guillaume Tusseau.

Alain-Gérard Slama m'a fait l'honneur et l'amitié d'écrire la préface de ce livre ; qu'il en soit ici remercié.

Une mention spéciale revient à mon ami Jeff, avec lequel je débats énergiquement de ces questions depuis deux ans, et qui a constitué un aiguillon indispensable à la réalisation de cet ouvrage.

Je tiens également à remercier tout particulièrement mes parents pour leur aide et leur soutien sans faille tout au long de son élaboration.

Enfin, je souhaite dédier cet ouvrage à Julie, sans qui le bonheur n'aurait été qu'un objet d'étude.

Sommaire

Préface

Dans la masse des essais inspirés par la crise, et qui s'évertuent à faire le bien de l'humanité contre elle-même en ressassant les mêmes principes de droit, les mêmes valeurs, les mêmes bonnes intentions morales, voici une étude originale, neuve, pétillante d'intelligence, qui s'efforce d'aller jusqu'au bout d'une pensée. Même si on se sent éloigné des thèses exposées dans ce livre, la rigueur avec laquelle Xavier Bebin poursuit le fil de la doctrine utilitariste, depuis Bentham jusqu'à leurs épigones actuels ne laissera aucun lecteur indifférent.

Il se pourrait même que ce travail intéresse plus que tout autre le tenant de l'universalisme de la raison, qui critique dans l'utilitarisme sa conception de la peine étayée sur le matérialisme sensualiste de Hume, sa préférence pour le bonheur, son arithmétique des plaisirs, et surtout sa philosophie paradoxale de la liberté, garantie par la prévention plutôt que par la sanction. L'un des apports les plus utiles de cette recherche est en effet de rappeler que, face à la conception française de la raison universelle, l'utilitarisme anglo-saxon est l'autre versant du projet d'émancipation de l'individu apparu avec les Lumières ; il est de montrer que l'utilitarisme inclut dans sa logique les antidotes qui lui imposent ses propres limites et qui le retiennent sur la pente du contrôle social généralisé et, pour tout dire, totalitaire, tant redouté par Michel Foucault. De même en effet que Machiavel rappelle au Prince la nécessité de ne pas s'aliéner le peuple par un excès de cruauté, l'utilitariste doit prendre garde à ne pas étendre sans fin les contraintes préventives, et à ne pas imposer des peines disproportionnées, « dans la mesure où le respect de la population pour l'institution pénale concourt en grande partie à son efficacité ».

Mais en application de quel critère régler le curseur de la prévention et de la peine si l'on ne se réfère à des principes ? La grande question que soulèvent la plupart des réponses apportées aux problèmes de notre modernité porte sur le point de savoir si l'utilité sociale d'une décision doit l'emporter sur le respect des principes. Tout se passe, pour qui s'interroge en ces termes, comme si les principes étaient des *a priori* abstraits, reposant sur un idéalisme fondamental, et dont la rigidité constituerait *a priori* une entrave pour l'action. Or s'il est vrai que le fondement des valeurs n'a d'autre preuve que son inscription dans la conscience, la définition utilitariste des normes procède d'une légitimité au moins aussi mystérieuse ! Et s'il est souvent vérifié que, comme le disait Jean Carbonnier, « la morale est encore moins sûre que le droit », s'il est toujours à craindre que le droit qui s'appuie sur la morale conduise à une morale d'Etat, cela ne démontre pas pour autant que la morale ne soit pas autonome, et qu'elle ne trouve pas sa sanction dans l'appréciation par la conscience des valeurs qui conditionnent l'exercice de la liberté. Pour éclairer ce débat, Hume et Bentham sont sans doute de moins bons guides que Spinoza et Kant. Mais dans un monde du Dieu personnel, qui revient à un monde sans Dieu, il est probable qu'il faille passer par les premiers pour arriver aux seconds. C'est une des découvertes qu'autorise ce livre, une des sources du plaisir intellectuel que sa lecture inspire.

Alain-Gérard SLAMA

Introduction

L'idée selon laquelle la seule et unique finalité de la politique est de promouvoir le bonheur des individus a connu un essor exceptionnel au siècle des Lumières. Si la théorie utilitariste proprement dite a été construite par Jeremy Bentham, la plupart des présupposés de cette doctrine avaient été développés par les philosophes matérialistes français d'Holbach, Diderot, Helvétius et La Mettrie. Ce lien apparent entre matérialisme et utilitarisme est loin d'être fortuit : la réflexion métaphysique de ces philosophes n'a pas été sans incidence sur leurs convictions normatives. En effet, postuler que tout est matière, y compris l'esprit humain, revient à replacer l'homme dans une perspective radicalement nouvelle. Si les êtres humains sont soumis aux mêmes lois que l'ensemble du monde matériel, cela signifie qu'ils ne sont pas des êtres à part, mais qu'ils sont soumis comme tout ce qui existe aux lois de la nature.

Une telle « naturalisation » de l'homme a eu chez ces philosophes deux conséquences. D'une part, elle les a conduits à revaloriser les besoins et désirs temporels de l'être humain, aux dépens des finalités transcendantes qui lui étaient assignées. Contre les idéaux religieux ascétiques, le bonheur terrestre redevint ainsi le premier des biens, la première des finalités humaines. Et conformément aux présupposés matérialistes, le bonheur fut défini comme une somme de plaisirs, ce qui réhabilitait les plaisirs corporels sans nier l'importance des plaisirs spirituels. D'autre part, cette recherche du bonheur ne devait plus être entravée par des interdits moraux, devenus illusoires dans la perspective matérialiste, puisque la matière ne possède aucune valeur intrinsèque et n'exige rien de quiconque.

Dans le domaine politique, la recherche du bonheur collectif ne devait donc plus être limitée par des principes de justice supérieurs. Cette conviction est parfaitement illustrée par l'affirmation radicale d'Helvétius selon laquelle l'utilité publique « est le principe de toutes les Vertus humaines, et le fondement de toutes les législations. Elle doit inspirer le Législateur, forcer les Peuples à se soumettre à ses Lois ; c'est enfin à ce principe qu'il faut sacrifier tous ses sentiments, jusqu'au sentiment même de l'humanité »[1].

Depuis le XVIIIe siècle, l'approche utilitariste et la pensée matérialiste ont connu des destins contrastés.

La philosophie utilitariste n'a pas eu en France une postérité à la hauteur de celle de ses précurseurs. Lorsqu'elle n'est pas confondue avec la thèse descriptive et empirique selon laquelle l'homme poursuivrait en permanence son propre intérêt, elle est associée à l'inquiétant panoptique décrit par Michel Foucault dans *Surveiller et Punir*[2]. Cet ouvrage a durablement donné de l'utilitarisme l'image d'une idéologie du contrôle social, dont le paradigme serait le projet imaginé par Jeremy Bentham de la prison « panoptique » qui permet aux gardiens de surveiller les prisonniers sans être vus[3]. De

[1] HELVETIUS, Claude-Adrien, *De l'Esprit*, Paris : A. Fayard, 1988, p. 83-84.

[2] Voir FOUCAULT, Michel, *Surveiller et punir*, Paris : Gallimard, 1975, p. 228-253.

[3] Plusieurs travaux récents ont pourtant montré les limites de l'interprétation foucaldienne du Panoptique. Marie-Laure Leroy montre par exemple que Michel Foucault a négligé le fait qu'un des principes fondamentaux du panoptique est que les gardiens doivent être eux-mêmes surveillés par la population. L'objectif de Bentham était ainsi de protéger les prisonniers contre la violence illégale commise dans le secret des prisons. Marie-Laure Leroy montre en outre que Bentham n'avait pas pour objectif d'appliquer le

manière générale, l'utilitarisme est souvent considéré en France comme une philosophie liberticide, vouloir faire le bonheur du peuple étant considéré comme un signe de despotisme.

Dans les pays anglo-saxons, l'utilitarisme est traditionnellement plus valorisé, mais son image s'est récemment quelque peu dégradée. Alors que l'approche utilitariste a dominé la philosophie morale et politique anglo-saxonne pendant la majeure partie du XXe siècle, le tournant rawlsien de la *Théorie de la justice* en 1971 a contribué à en faire une doctrine à la fois dangereuse et désuète[4]. Dangereuse parce qu'elle serait *sacrificielle* par essence : elle ne pourrait pas garantir la protection en toutes circonstances des droits fondamentaux, puisque la valeur de ceux-ci est subordonnée à l'objectif de maximisation du bonheur commun. Et désuète parce que la philosophie morale, florissante depuis une trentaine d'années aux Etats-Unis, a construit des concepts extrêmement raffinés, à côté desquels l'utilitarisme « sommaire » de Bentham a pu sembler faire pâle figure[5].

Par contraste, la pensée matérialiste – également nommée « naturaliste » – connaît un renouveau particulièrement vif depuis une trentaine d'années. Les découvertes scientifiques, et en particulier les progrès de la biologie, rendent en effet l'approche naturaliste de plus

---

principe panoptique de surveillance des prisonniers à la société entière. La transparence prônée par Bentham ne devait s'appliquer qu'aux administrations et aux institutions de pouvoir, et non aux citoyens dont la vie privée devait être protégée. Voir LEROY, Marie-Laure, *Félicité publique et droits de l'individu dans l'utilitarisme de Jeremy Bentham,* Thèse de doctorat, Besançon, 2003, p. 724-26 et SEMPLE, Janet, « Foucault and Bentham : A Defence of Panopticism », *Utilitas*, 4, 1992, p. 105-20.

[4] Voir RAWLS, John, *Théorie de la justice*, Paris : Seuil, 1987.

[5] Voir par exemple KYMLICKA, Will, *Les théories de la justice : une introduction,* Paris : Découverte, 1999.

en plus incontournable. Alors que le matérialisme des Lumières pouvait être considéré comme une métaphysique particulière et contestable, deux avancées scientifiques majeures ont paru légitimer définitivement l'approche matérialiste. D'une part, le darwinisme a permis d'expliquer l'apparition des mondes mentaux par des causes physiques, à savoir la sélection naturelle, et d'autre part, la biologie moléculaire a permis d'intégrer la compréhension du vivant dans celle du monde physique, et de jeter ainsi une passerelle jusqu'alors inexistante entre la biologie et la physique.

Toutefois, le succès incontestable du matérialisme scientifique au milieu du XXe siècle n'a pas eu l'impact que l'on aurait pu en attendre, notamment sur la philosophie continentale, parce que ses hypothèses n'étaient pas encore suffisamment étayées empiriquement : la science était encore incapable d'expliquer comment la matière pouvait penser et, plus généralement, de fournir une théorie explicative de l'homme parfaitement compatible avec les sciences de la nature.

Mais trois disciplines de la biologie contemporaine, à savoir les neurosciences, l'éthologie et la théorie de l'évolution sont en train d'accomplir une révolution naturaliste que la philosophie ne peut plus ignorer[6]. Les neurosciences ont permis d'entrer dans la « boîte noire » que constituait jusqu'alors l'esprit humain, grâce notamment aux progrès de l'imagerie cérébrale ; l'éthologie moderne a montré que les animaux, et en particulier les primates, sont des objets d'étude extrêmement précieux pour comprendre l'homme ; et le

---

[6] Voir sur ce point l'excellent travail de Nicolas Baumard. BAUMARD, Nicolas, *Les sciences sociales et la philosophie face à la biologie contemporaine*, Mémoire de maîtrise, Université de Paris IV (non publié, disponible en ligne : http://nicolas.baumard.free.fr).

renouveau de la théorie de l'évolution a permis d'expliquer bon nombre de comportements humains – notamment moraux – par la sélection naturelle.

Le naturalisme contemporain semble donc confirmer de façon spectaculaire le postulat, cher aux philosophes matérialistes des Lumières, selon lequel le savoir possède une unité. Edward O. Wilson, le fondateur de la sociobiologie, a nommé « *consilience* » cette croyance en l'unité de la connaissance, laquelle repose selon lui « en dernière instance sur l'hypothèse selon laquelle tous les processus mentaux ont un soubassement physique et sont cohérents avec les sciences de la nature »[7]. Cette hypothèse permet de replacer dans le champ de l'*explication* scientifique des phénomènes humains longtemps réservés à l'examen de la philosophie transcendantale, comme la subjectivité, l'esthétique ou la morale. Le succès du naturalisme contemporain pose ainsi la question des implications *normatives* d'une telle vision du monde. On peut notamment se demander si, comme au XVIIIe siècle, la révolution matérialiste n'est pas susceptible de favoriser un renouveau de l'approche utilitariste de la politique.

Le choix du concept d'« approche utilitariste » aux dépens de celui de « théorie utilitariste » répond à deux exigences. En premier lieu, le concept de théorie possède des implications trop restrictives quant au statut de la réflexion normative. Parler de « théorie » renvoie en effet à la tendance, propre à la philosophie anglo-saxonne contemporaine, de penser la philosophie morale et politique comme un domaine d'investigation quasi-scientifique, dont l'objet serait de construire des théories

[7] WILSON, Edward O., *L'unicité du savoir : de la biologie à l'art, une même connaissance*, Paris : R. Laffont, 2000, p. 127.

de la justice « plausibles », susceptibles d'être validées ou invalidées par nos « intuitions morales ». Parler d'approche plutôt que de théorie permet ainsi de ne pas adopter *a priori* cette conception de la réflexion normative et de préciser dans les développements qui suivent quelle conception paraît la plus pertinente.

En second lieu, bien que l'ensemble des philosophes utilitaristes partagent la conviction que le bien-être des citoyens constitue le critère d'évaluation essentiel de toute politique, l'utilitarisme n'est pas un corps de doctrines parfaitement homogène. Le philosophe et économiste contemporain John Harsanyi a par exemple souhaité amender les principes normatifs de Jeremy Bentham en excluant que le décideur politique puisse prendre en considération les préférences « illégitimes » des citoyens. Sur le plan métaphysique, G.E. Moore a développé l'idée selon laquelle les normes morales sont des propriétés surnaturelles accessibles par le biais de l'intuition, alors que John Stuart Mill avait explicitement rejeté cette croyance en l'objectivité des normes morales[8].

Les différentes variantes de l'utilitarisme peuvent difficilement être réunies dans une approche œcuménique, dans la mesure où certaines d'entre elles sont nettement moins séduisantes que d'autres. Ainsi, à rebours des différentes tentatives de « perfectionnement » de l'utilitarisme classique qui ont eu lieu au XXe siècle, l'approche développée par Jeremy Bentham demeure selon nous la plus aboutie et la plus convaincante.

Que faut-il entendre, selon Bentham, par le concept « d'utilité » ? « Par utilité on entend la propriété d'un objet quelconque de tendre à produire du bénéfice, de

---

[8] Pour une recension des différentes versions de l'utilitarisme, voir AUDARD, Catherine, *Anthologie historique et critique de l'utilitarisme*, Paris : Presses Universitaires de France, 1999, 3 volumes.

l'avantage, du plaisir, du bien, ou du bonheur (tout cela, dans le cas présent, revient au même) ou bien (ce qui revient encore au même) de tendre à éviter que se produise du dommage, de la douleur, du mal, ou du malheur, pour la partie dont l'intérêt est considéré : si cette partie est la communauté en général, il s'agit du bonheur de la communauté ; si c'est un individu particulier, il s'agit du bonheur de cet individu »[9]. Cette définition de l'utilité a l'avantage de dissiper un malentendu particulièrement répandu : ce qui est utile est ce qui promeut le bonheur, et non ce qui a une valeur purement « utilitaire ».

Une action est donc conforme au « principe d'utilité », c'est-à-dire à l'utilitarisme, lorsqu'elle augmente le bonheur des individus concernés par cette action – et non le bonheur de son seul auteur, contrairement à un autre malentendu récurrent assimilant l'utilitarisme à une forme d'égoïsme. Notre objet d'étude étant la politique, nous nous intéresserons aux politiques publiques – et non aux actions individuelles – et à leurs effets sur les individus concernés.

L'approche utilitariste semble ainsi être mieux définie de façon indirecte, par la définition benthamienne de ce qu'est un utilitariste : « On peut dire de quelqu'un qu'il est partisan du principe d'utilité, quand l'approbation ou la désapprobation qu'il accorde à une action ou à une décision est déterminée ou mesurée par la tendance qu'il lui attribue à augmenter ou à diminuer le bonheur de la communauté »[10].

---

[9] BENTHAM, Jeremy, *Introduction to the principles of morals and legislation*, Oxford : Clarendon press, 1996, p. 12 (traduction M.-L. Leroy). Cet ouvrage n'ayant pas, à ce jour, été intégralement traduit en français, nous avons le plus souvent utilisé les traductions proposées par Marie-Laure Leroy dans sa thèse de doctorat. Voir LEROY, Marie-Laure, *op. cit.*

[10] BENTHAM, Jeremy, *op. cit.*, p. 13, cité par AUDARD, Catherine, *op. cit.*, vol. 1, *Jeremy Bentham et ses précurseurs (1711-1832)*, p. 203.

Cette définition indirecte est attractive parce qu'elle évite d'« objectiver » l'utilitarisme : être utilitariste, c'est d'abord « approuver » certaines mesures politiques selon qu'elles satisfont à certains critères, et non « penser » que ces mesures sont conformes à un bien moral objectif. Cette définition met en outre l'accent sur l'aspect *évaluatif* de l'approche utilitariste, celle-ci étant avant tout un outil pour guider notre jugement individuel sur les politiques menées. L'approche utilitariste consiste donc fondamentalement à évaluer de façon positive les politiques qui maximisent le bonheur des individus.

Il convient toutefois de préciser ce que l'on entend par « bonheur ». Ce terme a en effet le défaut d'être souvent employé en référence à un état de plénitude ou de satisfaction béate. Or le bonheur que l'utilitarisme classique cherche à promouvoir n'est pas un état mental précis, mais l'ensemble des états physiques ou psychologiques que les êtres humains jugent agréables. Ces états ne se réduisent donc pas aux seuls plaisirs dits « hédonistes » : Bentham attachait par exemple une grande importance aux plaisirs psychologiques, dont, entre autres, ceux de la bienveillance, de l'amitié ou de l'imagination[11]. L'approche utilitariste considère que l'amour, la beauté et la connaissance sont des biens précieux parce qu'ils contribuent au bien-être des individus, et non parce qu'il s'agirait de biens ayant une valeur intrinsèque. Le terme de « bien-être » semble ainsi le meilleur terme générique désignant l'ensemble des états physiques et psychologiques que l'homme valorise[12].

---

[11] Voir BENTHAM, Jeremy, *Introduction to the principles of morals and legislation, op. cit.*, chapitre V.

[12] Il convient de préciser que la différence entre plaisirs « psychologiques » et plaisirs « physiques » n'est nullement que les uns seraient « matériels » et les autres non. Dans la perspective naturaliste, ces deux types de plaisirs ont tous

Cette conception de l'utilitarisme comme maximisation du bien-être s'oppose ainsi à une version de l'utilitarisme, « l'utilitarisme des préférences », qui a pour objectif de maximiser *la satisfaction des préférences* des individus. Cette approche est inspirée de l'analyse économique, qui postule que le bien-être – l'utilité – des agents est maximal lorsque leurs préférences sont satisfaites. Plutôt que d'essayer d'évaluer l'utilité en s'appuyant sur l'état mental des individus, difficile à mesurer, les économistes s'appuient ainsi sur les comportements objectifs des agents – par exemple leur demande d'un certain bien – pour déterminer leurs préférences, et déduisent leur niveau d'utilité du degré de satisfaction de ces préférences.

Or, si le choix de s'appuyer sur les « préférences révélées » des agents est adapté à l'exigence de rigueur propre à toute science sociale, il paraît toutefois peu satisfaisant lorsqu'il s'agit d'évaluer les politiques publiques[13]. Pourquoi, en effet, chercher à satisfaire les préférences individuelles si certaines préférences rendent les individus malheureux ? Par exemple, le désir extrêmement puissant d'un toxicomane de persister à se droguer ne paraît pas devoir être satisfait, car il ne fait le plus souvent qu'accroître son mal-être. Dès lors que les individus ont une rationalité limitée, il leur arrive, par myopie ou par optimisme exagéré, d'avoir des préférences qui leur seront nuisibles et qu'il paraît par conséquent déraisonnable de chercher à satisfaire. Certaines préférences individuelles, comme les

---

deux une réalité matérielle bien déterminée. Les sentiments ne sont ainsi rien d'autre que des états physiques et chimiques particuliers du corps. Voir sur ce point DAMASIO, Antonio, *Spinoza avait raison : joie et tristesse, le cerveau des émotions*, Paris : Odile Jacob, 2003.

[13] Voir KAPLOW, Louis et SHAVELL, Steven, *Fairness versus welfare*, Cambridge, Mass. : Harvard University Press, 2002, p. 418-431.

préférences racistes, peuvent de surcroît être extrêmement néfastes pour la communauté, ce qui semble justifier que la puissance publique cherche à les modifier, et non à les satisfaire.

L'utilitarisme des préférences n'est pas la seule version alternative de l'utilitarisme classique ; il convient également de mentionner la distinction analytique entre « utilitarisme de l'acte » et « utilitarisme de la règle ». L'utilitarisme de l'acte, dans le domaine politique, consisterait à calculer avant chaque action la quantité de bonheur qu'elle s'apprête à produire, puis à choisir l'action qui maximise celle-ci, tandis que l'utilitarisme de la règle consisterait à suivre en permanence des règles dont on sait qu'elles contribuent le plus souvent à maximiser le bien-être.

Cette distinction ne contribue toutefois pas vraiment à éclairer la question de l'encadrement de la prise de décision politique ou juridictionnelle. En effet, l'utilitarisme classique permet, à la différence de l'utilitarisme de la règle, de violer des règles généralement utiles lorsque des circonstances exceptionnelles l'exigent. Mais il ne s'agit pas pour autant, contrairement à ce que semble proposer l'utilitarisme de l'acte, de suspendre la règle dès que son application dans un cas particulier s'apprête à produire des conséquences néfastes. Car il est impératif de prendre *également* en compte les conséquences à plus long terme de la violation de la règle sur la crédibilité même de celle-ci, et donc sur sa propension ultérieure à produire de bons résultats[14].

[14] Pour une critique similaire de la pertinence de la distinction entre utilitarisme de l'acte et utilitarisme de la règle dans le domaine politique, voir GOODIN, Robert E., *Utilitarianism as a public philosophy*, Cambridge : Cambridge University Press, 1995, p. 18.

Il est par exemple généralement admis que les citoyens d'un Etat sont mieux lotis lorsque ses dirigeants respectent la Constitution plutôt que lorsque ces derniers peuvent décider discrétionnairement de l'étendue de leurs pouvoirs. L'utilité de cette règle justifie qu'elle soit respectée, même si son application stricte peut dans certains cas ne pas être optimale, car le choix de la violer risquerait de la décrédibiliser et de favoriser ainsi le développement de décisions tyranniques ou arbitraires. Mais lorsque les conséquences d'une application stricte de la règle semblent particulièrement funestes, il paraît déraisonnable de faire preuve d'un « fétichisme de la règle » et de refuser qu'elle puisse être violée. Lincoln a par exemple suspendu l'Habeas Corpus lors de la guerre de Sécession, alors que la Constitution ne l'y autorisait pas expressément, en arguant à juste titre qu'il ne pouvait pas laisser violer toutes les lois du pays dans le seul but de n'en préserver qu'une seule – la Constitution.

On peut donc suivre la conclusion de Francisco Vergara sur ce sujet : « On voit ainsi combien est absurde la classification qu'ont inventée des auteurs comme Harsanyi et Bernard Williams entre des 'utilitaristes de l'acte' (qui n'auraient pas compris l'utilité des règles générales) et des 'utilitaristes de la règle' (qui n'admettraient pas, comme Hume, les *circonstances exceptionnelles* qui suspendent certaines règles) »[15].

Jeremy Bentham a souligné à juste titre que l'utilitarisme n'est pas susceptible de preuve, le seul gage de sa validité étant qu'il tend à produire un sentiment d'approbation lorsqu'il est énoncé. Par conséquent, pour déterminer si, dans une perspective naturaliste,

---

[15] VERGARA, Francisco, *Les fondements philosophiques du libéralisme : libéralisme et éthique*, Paris : La Découverte, 2002, p. 120.

l'utilitarisme est une approche normative séduisante, il convient d'en examiner toutes les implications dans un domaine politique spécifique. Le choix de la sanction pénale, que l'on peut définir a minima comme l'imposition par des autorités étatiques de la privation d'un bien valorisé par l'individu concerné[16], peut se justifier pour plusieurs raisons.

En premier lieu, les implications pénales de l'utilitarisme sont dignes d'attention parce qu'elles sont généralement considérées comme partiellement séduisantes et partiellement inacceptables. Nombreux sont ceux, en effet, qui considèrent que l'utilitarisme pénal est le domaine d'application le plus convaincant de l'utilitarisme en général. Son postulat fondamental, selon lequel il n'est justifié d'imposer le mal que constitue la sanction pénale que si cela permet de prévenir une plus grande quantité de souffrances, a longtemps paru plus séduisant que les théories rétributives, dérivées de la loi du talion, selon lesquelles punir un coupable est un bien en soi, même si aucune conséquence positive n'en résulte.

Et pourtant, certaines implications potentielles de ce même utilitarisme pénal, et en particulier l'idée qu'il pourrait recommander la condamnation d'innocents, ont été une des causes majeures du discrédit de l'utilitarisme en général dans la philosophie morale contemporaine. L'utilitarisme pénal a ainsi contribué à l'affaiblissement de l'approche utilitariste dans la pensée politique anglo-saxonne : les théories rétributives – sous la forme des théories du juste dû (« *just desert* ») – ont aujourd'hui

[16] Comme le souligne Mirko Bagaric, une définition a minima de la peine est nécessaire pour ne pas donner prise, dans la définition même, à une approche normative particulière. Voir BAGARIC, Mirko, *Punishment and Sentencing : A Rational Approach*, London : Cavendish Publishing, 2001, p. 34.

beaucoup plus de succès dans les milieux philosophiques que la théorie benthamienne de la peine[17].

En France, les théories rétributives ne se sont pas imposées, mais l'utilitarisme pénal a également été affaibli par l'interprétation que Michel Foucault a donnée de la théorie pénale de Beccaria dans *Surveiller et Punir*. Michel Foucault invite en effet ses lecteurs à ne pas se laisser séduire par l'apparent progrès dans l'humanisation des peines qu'aurait constitué le rationalisme utilitariste de Beccaria, et à considérer cette théorie sous l'angle d'une aggravation du contrôle social[18].

De manière plus générale, l'institution pénale connaît en France un véritable déficit de justification et de réflexion politique : un rapport de l'Assemblée nationale sur l'état des prisons paru en 2000 déplore ainsi à juste titre « que le débat sur le sens de la peine ne soit pas un enjeu du débat politique »[19]. Cette carence est d'autant plus remarquable que les intérêts en jeu dans l'institution pénale sont considérables : les souffrances qu'elle inflige – la peine – et celles qu'elle cherche à prévenir – les crimes et délits – sont extrêmement importantes.

En second lieu, l'existence de la peine semble constituer un défi pour les théories normatives fondées sur le primat de droits individuels, puisque l'incarcération d'un individu peut être considérée comme une violation flagrante de ce type de droits. Comme le souligne

[17] Voir sur ce point la synthèse de GARLAND, David et DUFF, R. A., « Thinking about Punishment » in D. Garland et R. A. Duff (ed.), *A reader on punishment*, New York : Oxford University Press, 1994, p. 1-43.

[18] « Ce qui se dessine, c'est sans doute moins un respect nouveau pour l'humanité des condamnés qu'une tendance vers une justice plus déliée et plus fine, vers un quadrillage pénal plus serré du corps social ». FOUCAULT, Michel, *op. cit.*, p. 93.

[19] *Rapport fait au nom de la commission d'enquête sur la situation dans les prisons françaises*, Paris : Assemblée nationale, 2000, p. 119.

Bertrand Guillarme, « l'existence de la peine, qui suspend pour les individus qui ont commis des fautes leurs droits que le libéralisme contemporain a présentés comme des protections absolues, soulève un problème important de cohérence interne pour la philosophe politique libérale »[20].

En l'absence de justifications complémentaires, l'existence de la sanction pénale semble ainsi entrer en contradiction flagrante avec le principe explicitement anti-utilitariste qui fonde la *Théorie de la Justice* rawlsienne : « Chaque personne possède une inviolabilité fondée sur la justice qui, même au nom du bien-être de l'ensemble de la société, ne peut être transgressée. Pour cette raison, la justice interdit que la perte de liberté de certains puisse être justifiée par l'obtention, par d'autres, d'un plus grand bien. Elle n'admet pas que les sacrifices imposés à un petit nombre puissent être compensés par l'augmentation des avantages dont jouit le plus grand nombre »[21]. Ce principe marquerait, selon Rawls, la supériorité des théories *déontologiques*, fondées sur des principes de justice inviolables, sur les approches *conséquentialistes*, qui ne s'intéressent qu'aux conséquences des politiques menées, car ces dernières seraient prêtes, à l'image de l'utilitarisme, à sacrifier des intérêts individuels fondamentaux pour le bien du plus grand nombre.

Or la sanction pénale, en première analyse, correspond exactement à ce que Rawls prétend rejeter de façon catégorique : la peine consiste, au moins en un sens, à sacrifier la liberté de quelques-uns pour garantir la tranquillité et la sécurité du plus grand nombre. Le sacrifice auquel Rawls fait allusion est certes celui

---

[20] GUILLARME, Bertrand, *Penser la peine,* Paris : Presses Universitaires de France, 2003, p. 4.
[21] RAWLS, John, *Théorie de la justice, op. cit.*, p. 29-30.

d'individus *innocents*, et non des coupables que vise la sanction pénale. Mais le présupposé selon lequel le fait de s'être rendu coupable d'un méfait pourrait justifier la violation d'une liberté supposée « inviolable » est peut-être une fausse évidence ; et s'il s'avère infondé, alors il faudra en conclure que l'utilitarisme n'est pas *davantage* porté à la violation sacrificielle de certains droits fondamentaux que les approches déontologiques.

Trois grandes étapes paraissent nécessaires pour évaluer l'approche utilitariste de la sanction pénale. Il convient tout d'abord d'examiner avec précision l'ensemble des implications possibles de l'utilitarisme pénal, dans le but de déterminer si, comme le prétendent ses détracteurs, celles-ci heurtent les principes auxquels nous sommes le plus attachés. Le verdict de nos « intuitions morales » ne peut cependant suffire à justifier – ou invalider – l'approche utilitariste ; c'est pourquoi il paraît nécessaire de recourir à l'analyse naturaliste de ces intuitions, en particulier celles de responsabilité morale et de « mérite ». Les enseignements de l'approche naturaliste nous conduiront ainsi à soulever la question de l'objectivité des normes morales, laquelle est indissociable de l'attrait potentiel de l'utilitarisme. Il conviendra enfin d'examiner empiriquement les implications de l'utilitarisme pénal pour la conduite des politiques publiques.

Première partie

L'utilitarisme pénal à l'épreuve de nos intuitions morales

La philosophie politique et morale anglo-saxonne contemporaine se caractérise par un recours systématique à nos « intuitions morales ». Chacune des théories normatives que recense Will Kymlicka dans son ouvrage de référence *Les théories de la justice, une introduction,* sont ainsi fondées, en dernière analyse, sur des intuitions morales, puisque, selon l'auteur, « la preuve du succès d'une théorie de la justice repose sur le fait qu'elle soit cohérente avec nos convictions bien pesées sur la justice et qu'elle contribue à les éclairer »[22]. De même, Philippe Van Parijs estime que le philosophe politique « doit se contenter de clarifier et de systématiser nos intuitions morales – historiquement variables et socialement déterminées – et ainsi d'énoncer des principes qui 'fondent' ces intuitions, mais qui par ailleurs n'ont pas d'autre fondement ultime que ces intuitions mêmes : le fait, par exemple, que l'injustice nous révolte ou que la solidarité nous exalte »[23].

Cette confiance en nos intuitions morales peut surprendre, surtout lorsqu'on les prétend « historiquement

---

[22] KYMLICKA, Will, *Les théories de la justice : une introduction*, Paris : Découverte, 1999, p. 13-14.

[23] VAN PARIJS, Philippe, *Qu'est-ce qu'une société juste ?*, Paris : Seuil, 1991, p. 27.

variables et socialement déterminées ». Elle devient difficile à comprendre lorsque l'on affirme que les principes censés venir *justifier* nos intuitions sont également le *produit* de celles-ci. Cette ambiguïté fondamentale sera examinée avec précision dans la deuxième partie de cet ouvrage. En première analyse, toutefois, on se bornera à admettre qu'une approche normative particulière ne saurait être convaincante si elle heurte brutalement les principes moraux ou politiques auxquels nous tenons le plus.

C'est pourquoi les implications potentielles de l'utilitarisme pénal doivent être examinées à l'aune de nos intuitions morales les plus solidement ancrées.

Chapitre 1

L'approche utilitariste de la peine

On oppose généralement deux grandes justifications de la sanction pénale. La première, d'inspiration kantienne, est tournée vers le passé : l'infraction à la loi appelle un châtiment rétributif par principe, quelles qu'en soient les conséquences. Selon Kant, en effet, bien que la répression pénale puisse poursuivre d'autres objectifs, « la punition, comme telle, c'est-à-dire comme simple mal, doit d'abord être justifiée par elle-même, de sorte que celui qui est puni, si l'on en restait là et qu'il n'entrevît même aucune faveur se cachant derrière cette rigueur devrait avouer lui-même qu'il n'a que ce qu'il mérite et que son sort est tout à fait proportionné à sa conduite »[24].

La seconde justification, par contraste, est tournée vers l'avenir. Il s'agit de l'approche utilitariste, selon laquelle il n'est justifié d'infliger un mal à un individu que si ce mal est nécessaire à l'obtention d'un bien plus grand.

La peine est un mal qui ne se justifie que par ses conséquences positives

Le fondement de l'utilitarisme pénal est ainsi que la peine est un *mal*, lequel ne peut être justifié que par ses *conséquences* positives sur le bien-être de la population. Dans le cas emblématique des peines de prison, le mal de

[24] KANT, Emmanuel, *Critique de la raison pratique,* Paris : PUF, 2000, p. 38.

la peine est multiple : souffrance du prisonnier du fait de la privation de sa liberté, mais aussi du fait des conditions de vie matérielles – et sociales – qu'il doit subir. Souffrance une fois sorti de prison, car la peine produit un stigmate durable, dont les effets se font notamment sentir lors de la recherche d'un emploi[25].

La peine a également des effets néfastes sur l'entourage des prisonniers, comme le rappelle Loïc Wacquant : « l'impact délétère de l'incarcération ne s'exerce pas sur eux seuls, mais aussi, et de manière plus insidieuse et plus injuste, sur leur famille : détérioration de la situation financière, délitement des relations amicales et de voisinage, étiolement des liens affectifs, troubles de la scolarité chez les enfants et perturbations psychologiques graves liées au sentiment de mise à l'écart alourdissent le fardeau pénal imposé aux parents et conjoints de détenus »[26]. A ces maux s'ajoute également le coût financier de la prison, qui n'est pas négligeable, comme le montre l'exemple de la Californie, qui a dépensé en 1995 davantage pour ses prisons que pour ses universités.

Le caractère proprement révolutionnaire de l'utilitarisme, à l'époque de Bentham comme à la nôtre, est de considérer que la souffrance imposée pénalement aux criminels est tout aussi digne de considération politique que la souffrance de leurs victimes. Autrement dit, la valeur morale des individus n'a pas à être prise en compte lorsqu'il s'agit de déterminer la peine la plus

---

[25] Loïc Wacquant estime par exemple qu'en France, « 60 % des sortants de prison sont sans emploi, comparé à 50 % parmi les entrants ; 30 % ne sont soutenus ni attendus par personne ; un gros quart ne dispose d'aucun argent (moins de 15 euros) pour faire face aux frais occasionnés par la libération ; et un sur huit n'a pas de logement à sa sortie ». WACQUANT, Loïc, *Punir les pauvres : le nouveau gouvernement de l'insécurité sociale*, Marseille : Agone, 2004, p. 303.

[26] *Ibid.*

adaptée, parce que l'objectif utilitariste est la promotion du plus grand bonheur du plus grand nombre et que, comme l'a énoncé Bentham, « le bonheur du pire des hommes de l'espèce représente une partie aussi grande du bonheur de l'espèce entière que celui du meilleur des hommes »[27]. Dès lors que le bonheur commun est le seul et unique objectif des utilitaristes, toute souffrance individuelle est considérée comme regrettable, quel que soit le passé – ou le passif – de celui qui la subit.

Si la peine est un mal, elle ne peut se justifier que parce qu'elle permet d'éviter un mal plus grand encore[28]. Considérée indépendamment de ses conséquences, en effet, la peine n'est rien d'autre qu'un mal supplémentaire à celui qui a déjà été produit par l'infraction, puisque, comme le souligne Beccaria, il paraît impossible d'annuler des souffrances passées : « Les cris d'un malheureux seraient-ils capables de faire revenir le temps passé et de révoquer les actes qu'il a commis ? »[29]. En ce sens, l'utilitarisme s'oppose de façon symétrique au rigorisme de Kant, pour qui le châtiment du criminel est un devoir moral, qui doit être accompli même dans l'hypothèse où aucune conséquence positive ne pourrait en résulter[30]. Selon Bentham, au contraire, la règle cardinale de toute politique pénale est de « ne

[27] BENTHAM, Jeremy, *Deontology*, *Collected works,* ed. Goldworth,, p. 278, cité par LEROY, Marie-Laure, *op. cit.*, p. 447.

[28] Voir BENTHAM, Jeremy, *Introduction to the principles of morals and legislation*, *op. cit.*, p. 158-159 (traduction M.-L. Leroy) : « Mais toute punition est un mal : toute punition est en soi un mal. Selon le principe d'utilité, il ne faut l'admettre que dans la mesure où elle promet d'exclure un mal plus grand ».

[29] BECCARIA, Cesare, *Des délits et des peines*, Genève : Droz, 1965, p. 24.

[30] Voir KANT, Emmanuel, *Métaphysique des Mœurs*, I, *Doctrine du droit*, Paris : Vrin, 1968, p. 216.

jamais employer plus de punition qu'il n'est nécessaire pour atteindre le but que l'on se propose »[31].

Ce principe permet de déterminer quel type de peine est adapté aux infractions commises, mais il permet également de décider quels types d'activité il convient d'interdire – et donc de sanctionner. L'interdiction d'une activité sera ainsi sans fondement lorsque l'activité en question n'est pas susceptible de causer un dommage. C'est le cas par exemple des pratiques homosexuelles, que Bentham a pour cette raison souhaité légaliser à une époque où elles étaient punies de mort en Angleterre[32]. L'interdiction est également dénuée de sens lorsque le tort causé est contrebalancé par de plus grands bienfaits, comme lorsqu'une personne entre par effraction dans une habitation pour en sauver une autre d'un incendie.

Le fait qu'une activité soit susceptible de causer plus de dommages que de bienfaits n'est toutefois pas une raison suffisante pour la sanctionner. Son interdiction ne sera véritablement désirable que si elle permet de produire un bien supérieur au mal causé. C'est pourquoi Bentham recommandait au législateur de ne pas chercher à éradiquer des pratiques comme l'adultère ou l'abus de boisson : « Quelles chances de succès aurait, par

---

[31] BENTHAM, Jeremy, *Anarchical Fallacies, Works*, ed. Bowring, vol. II, p. 508, cité par LEROY, Marie-Laure, *op. cit.*, p. 499.

[32] C'est parce que Bentham est allé au bout de la logique utilitariste qu'il fut l'un des seuls à dénoncer l'interdiction pénale de l'homosexualité. Bentham reconnaît que l'antipathie provoquée par les comportements homosexuels doit être prise en compte par le législateur, mais il pense qu'il est beaucoup plus favorable au bien-être collectif de la combattre plutôt que de l'attiser : « L'antipathie en question (et la soif de malveillance qui en résulte), dans la mesure où elle n'est pas justifiée par la nocivité fondamentale du délit, s'appuie sur le seul préjugé. On peut par conséquent l'apaiser et la réduire au point où elle cesse d'être douloureuse par le simple fait d'exposer les considérations qui prouvent qu'elle est mal fondée ». BENTHAM, Jeremy, *Défense de la liberté sexuelle : écrits sur l'homosexualité*, Paris : Mille et une nuits, 2004, p. 58.

exemple, un législateur qui chercherait à éradiquer l'abus de boisson et la fornication par des punitions légales ? Les tortures les plus ingénieuses n'y suffiraient pas et avant qu'il ait pu faire des progrès significatifs, la punition aurait produit une telle somme de mal, qu'elle excéderait mille fois le tort maximum que peut produire l'infraction »[33]. Les maux de telles interdictions seraient par exemple particulièrement vifs lors de la recherche des preuves : « c'est un objectif qu'on ne pourrait chercher à atteindre avec des chances de succès suffisantes qu'en semant le désarroi dans toutes les familles, en déchirant les liens de la sympathie et en éradiquant l'influence de tous les motifs sociaux »[34].

Enfin, Bentham jugeait que la peine est inutile lorsque l'on peut atteindre le résultat souhaité par des moyens moins néfastes, ce qui signifie que la prévention est souvent préférable à la répression[35]. Mais une prévention trop intrusive peut également avoir des conséquences désastreuses. Comme le rappelle Beccaria, « A quoi serions-nous réduits, si tout ce qui peut être une occasion de délits nous était interdit ? »[36]. L'autonomie

[33] BENTHAM, Jeremy, *Introduction to the principles of morals and legislation*, *op. cit.*, p. 290 (traduction M.-L. Leroy).

[34] *Ibid.* Comme le font remarquer Kaplow et Shavell, les théories purement rétributives sont beaucoup plus confuses sur la question de savoir quelles activités il convient de punir. Dans la logique rétributive, en effet, on peut se demander pourquoi l'adultère, s'il s'agit d'un comportement moralement répréhensible, ne mériterait pas de punition. Pourquoi, inversement, des délits considérés comme moralement non mauvais (comme la violation de réglementations techniques) devraient-ils être punis ? Voir KAPLOW, Louis et SHAVELL, Steven, *Fairness versus welfare*, Cambridge, Mass. : Harvard University Press, 2002, p. 303.

[35] Beccaria tenait le même discours : « Il vaut mieux prévenir les crimes que d'avoir à les punir ; tel est le but principal de toute bonne législation, laquelle est l'art de rendre les hommes le plus heureux possible ou, disons pour tenir compte également des biens et des maux de la vie, le moins malheureux possible ». BECCARIA, Cesare, *op. cit.*, p. 74

[36] *Ibid.*

individuelle étant une composante importante du bien-être, la prévention ne sera pas toujours préférable à la répression, ce qui invalide la thèse selon laquelle l'utilitarisme devrait conduire à « l'utopie d'une société de contrôle »[37].

La finalité de la peine est prioritairement de prévenir les infractions

Si le mal de la punition ne peut se justifier que par ses conséquences positives, il reste à déterminer quels pourraient être les bienfaits de la peine. Le principal bienfait de la sanction pénale est qu'elle pourrait conduire à diminuer le nombre d'infractions commises. En effet, la peine a potentiellement un effet dissuasif *général* dans la mesure où le comportement des individus peut être influencé par la crainte de subir une sanction en cas de violation de la loi. On dit également de la peine qu'elle a un effet dissuasif *spécifique* lorsqu'elle incite les individus qui la subissent à ne pas récidiver. Par ailleurs, dans le cas de l'emprisonnement, la peine possède un effet de neutralisation, puisque les individus ne peuvent commettre de crimes durant leur incarcération. Certaines peines peuvent enfin conduire à la réhabilitation ou à la réinsertion des criminels.

L'ensemble de ces effets potentiels est résumé par Bentham : « Le but essentiel et immédiat de la punition est de contrôler l'action. Cette action est ou bien celle de l'infracteur, ou bien celle des autres. Elle contrôle celle de l'infracteur en exerçant une influence ou bien sur sa volonté, auquel cas on dit qu'elle agit en *réformant*, ou

---

[37] Voir GROS, Frédéric, « Les quatre foyers de sens de la peine », in A. Garapon, F. Gros et T. Pech, *Et ce sera justice : punir en démocratie*, Paris : Odile Jacob, 2001, p. 88.

bien sur son pouvoir physique, auquel cas on dit qu'elle agit en *empêchant de nuire*. Elle ne peut influencer celle des autres qu'en agissant sur leurs volontés, auquel cas on dit qu'elle agit *en faisant un exemple* »[38]. La peine a également d'autres effets potentiellement bénéfiques, comme la prévention des actes de vengeance individuels, ou la restauration de l'estime de soi de la victime.

Seules des données empiriques, cependant, peuvent confirmer ou infirmer l'existence de ces différents effets, ainsi que leur importance respective. Les recommandations utilitaristes dépendent donc de considérations empiriques, lesquelles sont par nature révisables. C'est pourquoi l'utilitarisme pénal ne saurait être assimilé aux recommandations spécifiques de Bentham, dans la mesure où celles-ci étaient fondées sur des hypothèses empiriques particulières.

A la suite de Beccaria, et anticipant le développement de l'approche économique du crime sous l'égide de Gary Becker, Bentham partait du postulat que le criminel est avant tout un individu rationnel et calculateur[39]. Les individus, selon cette théorie, commettent une infraction lorsque l'utilité qu'ils espèrent en retirer est supérieure aux coûts qu'ils s'attendent à subir, ces coûts étant définis par le montant de la sanction pénale, pondéré par la probabilité d'être condamné. On comprend que, dans cette hypothèse, l'objectif de dissuasion ait été considéré comme primordial par Beccaria et Bentham. Car, comme

---

[38] BENTHAM, Jeremy, *Introduction to the principles of morals and legislation, op. cit.*, p. 158 (traduction M.-L. Leroy).

[39] Il est revenu à Gary Becker de modéliser cette approche en des termes économiques, partant du postulat que « certaines personnes deviennent des 'criminels' non pas parce que leurs motivations basiques diffèrent de celles d'autres personnes, mais parce que leurs bénéfices et leurs coûts diffèrent ». BECKER, Gary S., « Crime and Punishment : An Economic Approach », *Journal of Political Economy*, 76 (2), mars-avril 1968, p. 176.

l'a indiqué Beccaria, « Pour qu'un châtiment produise l'effet voulu, il suffit qu'il surpasse l'avantage du délit ; encore faut-il faire entrer en ligne de compte la certitude de la punition et la perte du profit escompté »[40].

L'hypothèse de rationalité du criminel sous-tendue par cette théorie est toutefois parfaitement indépendante de l'approche utilitariste proprement dite. Il est ainsi possible de défendre l'objectif de dissuasion sur d'autres bases psychologiques, par exemple en montrant que la loi décourage les activités criminelles parce que les citoyens tendent à développer une aversion pour les comportements qu'elle déclare illégaux – et non parce qu'ils anticipent le coût de la sanction. Les recommandations de l'approche utilitariste ne sont donc pas fixées une fois pour toutes : si des études empiriques rigoureuses montrent un jour que la peine n'a strictement aucun effet positif, l'utilitarisme conduira à se prononcer en faveur de l'abolition de l'institution pénale.

La valeur morale des individus est un simple élément de l'objectif de dissuasion

Une des caractéristiques essentielles de l'approche utilitariste est que la « valeur morale » des individus n'a pas, en tant que telle, vocation à être prise en compte lorsqu'il s'agit de les sanctionner. Que l'infraction ait été commise intentionnellement ou involontairement, qu'elle ait été préméditée ou commise sous l'emprise de la passion, la sanction est justifiée tant que les bienfaits de la sanction sont supérieurs à son coût. Mais l'approche utilitariste rejoint le sens commun dans la mesure où l'état psychologique des individus au moment de l'infraction affecte l'utilité de la sanction.

---

[40] BECCARIA, Cesare, *op. cit,* p. 47.

L'impact dissuasif de la peine sera ainsi moins fort dans le cas de crimes ou délits involontaires puisque, par construction, l'action en question peut difficilement être réfrénée par la crainte d'être condamné. L'existence d'une sanction peut tout au plus conduire les individus à se montrer plus vigilants, ce qui constitue rarement un gain suffisant pour compenser son coût.

En effet, le risque est soit d'imposer des sanctions inutiles, car dénuées d'effets sur les comportements individuels, soit au contraire de détourner les individus d'activités socialement utiles du fait de sanctions excessivement dissuasives. Par exemple, sanctionner très sévèrement le fait de blesser autrui dans un accident de voiture pourrait inciter les gens à rouler trop lentement, ou à ne plus conduire du tout, ce qui n'est pas socialement désirable[41].

En revanche, lorsque la sanction ne dissuade aucune activité socialement utile, la pénalisation de comportements involontaires devient défendable, comme le montre l'exemple du « *statutory rape* ». Cette disposition américaine condamne le fait pour les adultes d'avoir une relation sexuelle avec une fille de moins de 16 ans, même s'ils pouvaient raisonnablement penser qu'elle avait 16 ans ou plus. Le fait pour les adultes masculins d'éviter de fréquenter des filles trop jeunes n'étant pas considéré comme un coût social important, cette mesure peut se justifier – à la seule condition, bien entendu, qu'elle présente par ailleurs des avantages manifestes[42].

D'une manière générale, cependant, pénaliser les actions involontaires sera rarement bénéfique, parce que cela tend notamment à créer un sentiment d'insécurité

---

[41] Voir POSNER, Richard, « An Economic Theory of the Criminal Law », *Columbia Law Review*, 85, 1985, p. 1206.

[42] *Ibid.*, p. 1222.

dans la population, lié au fait que les gens ne peuvent jamais être sûrs qu'ils ne commettront pas d'actions interdites[43].

La valeur morale de l'intention n'a pas non plus d'importance intrinsèque lorsqu'il s'agit de différencier pénalement un meurtre avec préméditation d'un crime passionnel. Il existe cependant au moins deux arguments utilitaristes pouvant justifier de sanctionner le second moins sévèrement que le premier[44]. D'une part, la probabilité d'arrêter le coupable et de le condamner est plus forte lorsque le crime est passionnel que lorsqu'il est prémédité. Or, puisque le caractère dissuasif de la sanction dépend à la fois de la probabilité de condamnation et de la sévérité de la peine, on peut obtenir le même niveau de dissuasion avec une peine plus faible, lorsque la probabilité de condamnation est supérieure.

D'autre part, le crime impulsif est beaucoup plus difficile à dissuader, dans la mesure où l'individu est peu conscient des conséquences de son crime. Si l'objectif était simplement de dissuader au maximum les infractions, cela pourrait certes constituer un argument en faveur d'une augmentation de la peine. Mais l'utilitarisme ne recommande nullement une dissuasion maximale : son objectif est de promouvoir le bonheur

---

[43] Cet argument a été avancé par H. L. A. Hart, qui s'oppose également pour des raisons non conséquentialistes à la criminalisation des comportements involontaires. Voir HART, H. L. A., *Punishment and Responsibility*, Oxford : Clarendon press, 1988, p. 23-24.

[44] Voir POSNER, Richard, « An Economic Theory of the Criminal Law », *op. cit.*, p. 1222-23. Il convient également de mentionner ici un troisième argument, même s'il sera développé plus longuement à propos de la proportionnalité des délits et des peines : si les crimes passionnels et les crimes de sang froid étaient punis de la même manière, l'institution pénale perdrait de sa légitimité aux yeux des citoyens.

commun en prenant en compte *l'ensemble des effets* de la législation pénale, et non ses seuls effets sur le taux de criminalité. Si, par exemple, faire passer la peine moyenne des crimes passionnels de 10 à 30 ans de prison ne parvenait qu'à dissuader un seul crime supplémentaire par an, on pourrait juger que l'effet dissuasif est obtenu à un coût prohibitif.

En termes économiques, on dira que le coût marginal de la dissuasion est trop élevé. David Friedman illustre l'importance de ce concept de la manière suivante. Si augmenter une amende de 100 à 110 dollars conduit à réduire le nombre de délits de 100 à 10, alors le coût marginal de la dissuasion aura toute chance d'être négatif, et l'augmentation de la peine sera très utile. Inversement, si la même augmentation de l'amende conduit à faire passer le nombre de délits de 100 à 99, le coût marginal de dissuasion devient très important, ce qui rend l'augmentation contre-productive[45].

L'approche de la sanction pénale sous l'angle de la dissuasion conduit les utilitaristes à s'opposer à la condamnation des individus atteints de certaines pathologies mentales. L'argument n'est pas qu'il leur manquerait la capacité de discerner le bien du mal, ce qui les exonèrerait de leur responsabilité morale. La sanction est dans leur cas inutile parce qu'ils sont incapables d'anticiper les conséquences de leurs actes, et que la menace d'une sanction pénale ne les empêchera donc nullement de commettre des infractions.

La validité de cette argumentation a cependant été contestée par le grand théoricien du droit H. L. A. Hart.

---

[45] Voir sur ce point FRIEDMAN, David, « Rational Criminals and Profit-Maximizing Police : Gary Becker's Contribution to the Economic Analysis of Law and Law Enforcement », in M. Tommasi and K. Ierulli (ed.), *The New Economics of Human Behavior*, 1995, p. 50.

D'après lui, l'argument selon lequel la menace de la peine n'aurait pas d'effet *sur les fous* ne permettrait pas d'en conclure qu'elle serait sans effet d'un point de vue utilitariste. Car le fait d'exempter les fous contribue à augmenter la probabilité que des criminels restent impunis, puisque ces derniers peuvent réussir à tromper le jury sur leur santé mentale. Par conséquent, si les criminels sont parfaitement rationnels, ils auront tendance à commettre plus de crimes lorsque la loi prévoit d'acquitter les individus mentalement déficients. Hart en conclut que l'utilitarisme est inacceptable, puisque nous sommes fortement attachés à l'irresponsabilité pénale de cette catégorie de la population[46].

Cette conclusion semble cependant quelque peu hâtive, car l'objectif de l'utilitarisme n'est pas de dissuader à n'importe quel prix, mais de maximiser le bonheur commun. Il faut donc nécessairement mettre en balance les gains – ténus – obtenus sous l'angle de la dissuasion avec l'ensemble des souffrances produites par la condamnation pénale d'individus mentalement déficients.

Puisque la validité de l'objection de Hart dépend de l'hypothèse d'une rationalité extrême des criminels, on peut essayer d'évaluer la valeur dissuasive supplémentaire du choix de sanctionner pénalement les fous. Imaginons ainsi que pour un crime donné, la peine moyenne soit de 10 ans de prison, et qu'un individu qui le commet ait 50 % de chances d'être condamné. Dans cette optique, la peine attendue (*expected punishment*) du criminel correspond à 5 ans de prison (le montant pondéré par la probabilité, soit 10 fois 0,5). Si l'on ajoute la probabilité d'être relâché pour avoir plaidé la folie

[46] Voir HART, H. L. A., *op. cit.*, p. 18-20.

avec succès – fixons cette probabilité à 20 %, bien qu'elle soit en réalité beaucoup plus faible dans des pays comme les Etats-Unis – on obtient une peine attendue de 4 ans. La possibilité de plaider la folie revient donc à diminuer faiblement la peine attendue (de 5 à 4 ans) ou, pour le dire autrement, à diminuer la probabilité de condamnation de 50 % à 40 %. La faiblesse du différentiel montre bien que, même dans l'hypothèse de rationalité du criminel, le droit de plaider la folie ne peut avoir qu'un effet contre-dissuasif global très faible, et cet effet semble largement compensé par le gain obtenu par les fous et leurs familles, ainsi que celui lié à la popularité et à la crédibilité de l'institution pénale.

Et même si l'on émettait l'hypothèse – purement spéculative – que le droit de plaider la folie générait une grave augmentation du nombre de crimes de la part de criminels rationnels, il n'apparaîtrait sans doute pas illégitime de prendre certaines mesures correctrices. On pourrait ainsi restreindre les critères de l'exonération, de manière à ne l'accorder qu'à ceux dont la folie aura été prouvée avec certitude. Il serait également possible de dissuader les criminels de « tenter leur chance » en imposant une neutralisation temporaire à ceux qui auront plaidé la folie avec succès. Puisque ces derniers sont potentiellement dangereux, il ne semblerait pas anormal de les enfermer temporairement, mais puisqu'ils sont insensibles au stigmate dissuasif de la prison, ils pourraient être placés dans une institution non pénitentiaire, comme un hôpital psychiatrique[47].

[47] Voir POSNER, Richard, « An Economic Theory of the Criminal Law », *op. cit.*, p. 1224.

Chapitre 2

La question de la proportionnalité des délits et des peines

L'une des grandes objections contemporaines à l'approche utilitariste est qu'elle pourrait justifier la mise en place de peines disproportionnées. En première analyse, cette objection peut paraître paradoxale à plusieurs titres. On ne saurait en effet négliger le fait que les deux fondateurs de l'utilitarisme pénal que sont Bentham et Beccaria avaient fortement défendu le principe de proportionnalité. En outre, on peut s'étonner de constater que les théories « rétributives », autrefois critiquées au motif qu'elles conduisaient à infliger sans raison des peines d'une cruauté barbare, soient présentées aujourd'hui comme un rempart contre les peines excessives de l'utilitarisme. Frederick Rosen rappelle à cet égard que l'une des craintes de Kant à l'égard de l'utilitarisme était qu'il conduise à punir *insuffisamment* les coupables[48].

Cette évolution étonnante est due en grande partie à une incompréhension manifeste de l'utilitarisme, qui est assimilé à tort à une théorie prônant la dissuasion à tout prix. On a ainsi prétendu que l'utilitarisme pourrait recommander l'imposition de la peine de mort à des infractions aussi futiles que le non-paiement d'un parcmètre, dans la mesure où cette sanction permettrait de diminuer drastiquement le nombre de ce type d'infractions. Or, s'il est hautement vraisemblable qu'une

[48] Voir ROSEN, Frederick, « Utilitarianism and the Punishment of the Innocent : The Origins of a False Doctrine », *Utilitas*, 9 (1), 1997, p. 23-37.

telle sanction serait extrêmement dissuasive, il est tout aussi évident que la souffrance produite serait largement supérieure aux dommages causés par l'infraction considérée[49].

Enfin, il faut noter que la défense « rétributive » de la proportionnalité des peines, essentiellement fondée sur nos intuitions ordinaires, est difficile à défendre par des arguments autres que conséquentialistes. Kaplow et Shavell ont ainsi montré qu'il est quasiment impossible de déterminer le montant des peines sur le seul fondement du principe de proportionnalité. Comment, en effet, estimer le degré de gravité d'une action ? Agresser quelqu'un est-il pire que voler une voiture, et si oui, à quel point ? Est-il plus grave de casser le nez de quelqu'un involontairement que d'essayer sans succès de le tuer ?[50] Il est vrai qu'il existe un consensus sur l'essentiel (un vol est moins grave qu'un meurtre), mais le bien-fondé d'un tel consensus doit pouvoir être justifié, et ce d'autant plus que les conceptions de la gravité d'une offense varient beaucoup selon les cultures.

En outre, même si l'on possédait une échelle précise de gravité des crimes et délits, il resterait extrêmement difficile de fixer le niveau de la peine. Quelle peine pourrait « correspondre » à un vol de voiture : une amende, un an de prison, vingt ans de prison ? Toutes ces questions ne semblent pas pouvoir être résolues sans une approche conséquentialiste[51].

---

[49] Voir BAGARIC, Mirko, *op. cit.*, p. 150. Comme nous l'avons noté à plusieurs reprises, il est erroné de réduire l'utilitarisme à l'*un* de ses objectifs (la dissuasion) alors qu'il se caractérise au contraire par sa prise en compte de l'ensemble des conséquences possibles.

[50] Voir KAPLOW, Louis et SHAVELL, Steven, *op. cit.*, p. 305.

[51] *Ibid.*, p. 307.

Un principe que l'utilitarisme défend pour ses seules vertus instrumentales

Toutefois, l'objection générale selon laquelle l'utilitarisme pourrait recommander l'application de peines apparemment disproportionnées ne peut pas être écartée. Car s'il est vrai que Beccaria et Bentham se sont prononcés en faveur du principe de proportionnalité, il convient d'examiner leur argumentation avec attention, car il se pourrait que ce principe ne puisse pas être déduit logiquement de l'approche utilitariste. Le principal argument utilitariste en faveur de la proportionnalité des délits et des peines est qu'il faut dissuader plus vigoureusement les infractions les plus nuisibles. Comme l'explique Beccaria, « il est de l'intérêt général qu'il ne se commette pas de délits, ou du moins qu'ils soient d'autant plus rares qu'ils causent plus de mal à la société. Ainsi donc, plus les délits sont nuisibles au bien public, plus forts doivent être aussi les obstacles qui les en écartent »[52].

Cet argument, cependant, n'est valable que si la probabilité d'arrestation et de condamnation de chaque délit est la même. En effet, si l'on admet l'idée que la valeur dissuasive de la peine dépend à la fois de la probabilité de la condamnation et du montant de la peine, alors le principe de proportionnalité ne semble pas pouvoir être préservé en toutes circonstances. Car si certains crimes très nuisibles étaient toujours élucidés, tandis que des crimes moins nuisibles l'étaient rarement, l'exigence de dissuasion pourrait conduire à sanctionner les seconds plus sévèrement que les premiers.

---

[52] BECCARIA, Cesare, *op. cit.*, p. 15.

Bentham et Beccaria avaient toutefois un autre argument en faveur de la proportionnalité : celle-ci serait requise pour inciter les criminels à ne pas commettre, entre deux crimes, le plus nuisible des deux[53]. Par exemple, si le viol est puni avec la même sévérité que le meurtre, le violeur n'aura aucune incitation pénale à ne pas supprimer la personne qui, par son témoignage, pourrait l'envoyer en prison. Cet argument dépend bien sûr de la validité du postulat de la rationalité des criminels, mais il faut bien noter que l'objection selon laquelle l'utilitarisme pourrait conduire à imposer des peines intuitivement excessives dépend *également* de ce postulat. Car si le fait de sanctionner tel ou tel crime par vingt ans de prison n'avait pas plus d'effet que de le sanctionner par une amende, alors les utilitaristes recommanderaient – toutes choses égales par ailleurs[54] – la sanction la plus faible, puisque la règle d'or est de ne jamais infliger de souffrances inutiles.

Toutefois, l'argument de la dissuasion marginale ne saurait conduire à lui seul au respect du principe de proportionnalité. Comme le note Richard Posner, le fait de punir le viol aussi sévèrement que le meurtre pourrait certes augmenter la *proportion* de meurtres commis à la suite d'un viol, mais une telle mesure pourrait aussi réduire le nombre de viols au point que le *nombre* de meurtres à la suite d'un viol soit au final inférieur. Par ailleurs, une certaine dissuasion marginale pourrait être maintenue en faisant varier la probabilité d'arrestation : si

---

[53] Voir aussi BECCARIA, Cesare, *op. cit.*, p. 17 : « Si un châtiment égal frappe deux délits qui portent à la société un préjudice inégal, rien n'empêchera les hommes de commettre le délit le plus grave des deux, s'il s'accompagne pour eux du plus grand avantage ».

[54] Cette précision est due au fait que la prise en compte de la sensibilité populaire peut conduire à d'autres recommandations, comme nous le montrons plus loin. Ce n'est donc que *du point de vue de l'objectif de dissuasion* que l'utilitariste recommandera l'amende.

davantage d'effectifs de police sont alloués aux meurtres qu'aux viols, le violeur sait qu'il aura plus de chances d'être arrêté et condamné s'il tue sa victime, ce qui l'incitera à épargner sa vie[55]. Il faut donc reconnaître que les arguments benthamiens ne peuvent pas garantir un respect inconditionnel de ce principe, et sont susceptibles de conduire à recommander des sanctions supérieures à ce que l'on pourrait avoir tendance à juger approprié.

Un principe qui ne paraît pas pouvoir être défendu en toutes circonstances

Il reste à déterminer si notre adhésion intuitive au principe de proportionnalité demeure inconditionnelle dès lors que nous prenons connaissance de l'ensemble de ses conséquences potentielles. Comme l'a suggéré le philosophe utilitariste Hare, il convient en effet d'établir une distinction entre deux niveaux de la réflexion morale et politique, à savoir le niveau *intuitif*, qui nous fournit des principes simples, schématiques et intériorisés durant l'enfance, et le niveau *critique*, qui est celui du philosophe possédant l'ensemble des informations pertinentes[56].

Pour évaluer la valeur du principe de proportionnalité, il semble ainsi approprié de reproduire le « cas paradigmatique » développé par Kaplow et Shavell, dans leur ouvrage intitulé *Fairness versus Welfare*[57]. En

---

[55] Voir POSNER, Richard, « An Economic Theory of the Criminal Law », *op. cit.*, p. 1208.

[56] Voir HARE, Richard Mervyn, « Ethical Theory and Utilitarianism », in *Utilitarianism and Beyond*, A. Sen et B. Williams (ed.), Cambridge : Cambridge University Press, 1982, p. 23-39.

[57] Voir KAPLOW, Louis et SHAVELL, Steven, *op. cit.*, p. 317-336. Ces deux auteurs sont partisans de l'économie du bien-être (*welfare economics*) qui est une version de l'utilitarisme.

s'appuyant sur les hypothèses de l'analyse économique du crime, ces deux auteurs ont en effet formalisé de manière très suggestive les conséquences d'une peine intuitivement « équitable » et celles d'une peine utilitariste. En voici une version légèrement modifiée pour en faciliter la compréhension.

Imaginons que le législateur doive faire face à un délit relativement nuisible, pour lequel la probabilité d'être arrêté et condamné est de 25 %. Admettons que la peine apparaissant intuitivement « appropriée » au délit soit d'un an de prison, et que fixer la peine à ce niveau conduise 1000 individus à prendre le risque de commettre le délit en question. Le résultat est que mille délits de ce type seront commis, et que 250 individus (soit 25 % × 1000) seront envoyés en prison pour un an chacun.

Imaginons maintenant qu'une peine de 4 ans de prison soit particulièrement dissuasive pour ce type de délit, et que, si la peine est fixée à ce niveau, seule une quarantaine d'individus commettront le délit. La conséquence d'une telle peine est que 40 délits seulement seront commis, et que 10 individus (soit 25 % × 40) subiront la peine de 4 ans de prison.

Si l'on évalue objectivement les conséquences respectives de ces deux sanctions pénales sur le bien-être de la population totale, la supériorité de la sanction utilitariste sur la sanction intuitivement « équitable » semble ne pas faire de doute. En effet, tant du point de vue du nombre total de délits commis (40, plutôt que 1000), que de la souffrance totale imposée aux criminels potentiels (40 années de prison cumulées, plutôt que 250), ou que du coût financier des tribunaux et des prisons (avec 10 inculpés et prisonniers, plutôt que 250), la peine utilitariste, qui paraissait disproportionnée, se révèle en fait beaucoup plus désirable que la peine intuitivement équitable.

Cet exemple met en évidence les défauts des thèses d'inspiration rétributive. Car on voit mal pourquoi le nombre de crimes ou délits commis ne serait pas un élément essentiel de la détermination des peines. Le fait qu'une peine apparemment excessive puisse dissuader un grand nombre de crimes ou délits ne peut être négligé par les théories non-utilitaristes, puisqu'elles considèrent – quoique pour des raisons différentes – que l'acte criminel est un mal. Les partisans de la proportionnalité des peines sont donc contraints de mettre en balance le « mal » – supposé – de la non proportionnalité et le mal – certain – des délits commis.

Ce compromis est d'autant plus nécessaire que le choix de la peine équitable revient, dans le cas examiné, à accorder *plus* de valeur au sort des criminels qui subiront la peine qu'à celui des innocents subissant leurs méfaits, ce qui est particulièrement paradoxal de la part de théories qui fondent par ailleurs la légitimité de la peine sur le « mérite » ou le « juste dû » (*just desert*)[58].

Kaplow et Shavell font également remarquer que les criminels potentiels eux-mêmes sont globalement mieux lotis sous la peine utilitariste que sous la peine équitable, puisque, dans le premier cas, seuls dix criminels subiront quatre ans de prison, alors que, dans le second cas, 250 criminels devront subir un an de prison.

---

[58] Bentham avait pour sa part mis en évidence la « cruauté pour les innocents » que constituait une peine insuffisamment dissuasive : « Cruelty to the public, that is cruelty to the innocent, by suffering them, for want of an adequate protection, lie exposed to the mischief of the offence ». BENTHAM, Jeremy, *Introduction to the principles of morals and legislation, op. cit.*, p. 167.

Mais tout ceci a rarement été relevé, car les tenants des théories non conséquentialistes ont tendance à réfléchir de façon *ex post* : pour déterminer la peine « juste », ils prennent pour acquis que le criminel a déjà été arrêté, sans se demander s'il aurait commis son crime si la peine avait été différente[59]. Cette opinion est probablement liée à un certain scepticisme quant au caractère réellement dissuasif d'une modulation de la peine, mais puisque les rétributivistes défendent la proportionnalité par *principe*, ils devraient être prêts à maintenir leur position dans le cas où l'imposition d'une peine apparemment excessive aurait effectivement un effet dissuasif très fort.

Le rejet, par principe, de l'objectif de dissuasion est parfois lié au fait qu'il traiterait les individus comme de simples moyens, en vue d'influencer *dans le futur* le comportement des criminels potentiels. Mais il faut noter que l'utilitarisme ne traite pas les criminels *seulement* comme des moyens, puisque leur bien-être est pris en considération dans la détermination de la peine. Et comme le fait remarquer David Dolinko, les utilitaristes font preuve de davantage de respect à l'égard des criminels que les rétributivistes en reconnaissant que le fait de leur infliger des souffrances est un mal – et non un bien[60]. Les développements précédents ont donc mis en évidence que le principe de proportionnalité de la peine, quoique globalement défendable d'un point de vue utilitariste, ne saurait être sanctuarisé, ni respecté en toutes circonstances.

---

[59] Voir KAPLOW, Louis et SHAVELL, Steven, *op. cit.*, p. 327.

[60] Voir DOLINKO, David, « Three Mistakes of Retributivism », *U.C.L.A. Law Review*, 39, 1992, p. 1623.

Un principe nécessaire à la crédibilité de l'institution pénale

L'institution pénale, cependant, ne peut s'écarter sans dommage de ce que la plupart des gens considèrent comme la peine « appropriée ». S'il s'avérait par exemple que le niveau de la peine encourue n'entrait aucunement en ligne de compte dans la décision des individus de commettre un viol, il ne serait pas conseillé pour autant, d'un point de vue utilitariste, de ne sanctionner les viols que d'une amende de 100 euros. Inversement, s'il s'avérait que la peine avait un effet dissuasif très élevé, il ne serait pas nécessairement conforme à l'objectif de maximisation du bien-être d'adopter des peines jugées excessives.

Cette thèse, *a priori* paradoxale d'un point de vue utilitariste, s'explique par le fait que la loi pénale n'influence pas seulement les comportements individuels par la menace de la sanction, mais aussi par sa valeur *expressive*. La loi pénale, en effet, envoie en permanence un signal fort à la population : chaque condamnation exprime la désapprobation morale de la société à l'égard de l'acte commis. Contrairement à la thèse de Joel Feinberg, cependant, le caractère expressif de la peine ne peut suffire en lui-même à légitimer la peine[61] : le simple fait que la société, par le biais de la sanction pénale, exprime sa condamnation de l'acte commis, ne saurait constituer une justification de la sanction, à moins que cette condamnation symbolique n'ait des *effets* positifs – ce qui est effectivement le cas.

En effet, la distinction légale entre ce qui est permis et ce qui est interdit tend à influencer ce que les citoyens

[61] Voir FEINBERG, Joel, « The Expressive Function of Punishment », in *Doing and Deserving*, Princeton University Press, 1970, p. 95-118.

considèrent comme moral ou immoral[62]. Le fait de criminaliser un comportement peut ainsi produire à son égard une forte désapprobation publique, laquelle n'existait pas initialement. C'est le cas par exemple du harcèlement sexuel, des violences domestiques ou de l'abus de boisson au volant. Une étude montre par exemple que 20 ans après l'introduction de la loi interdisant l'alcool au volant en Grande-Bretagne, plus de 80 % des hommes et 90 % des femmes estimaient qu'il était moralement condamnable de conduire en ayant bu, alors qu'une telle pratique était auparavant regardée avec indulgence[63]. Inversement, la dépénalisation de certains comportements, comme l'adultère ou l'homosexualité, a vraisemblablement contribué à modifier la façon dont les gens jugeaient ces pratiques.

Ainsi, la loi pénale renforce l'aversion des gens pour les comportements qu'elle interdit, et par ce biais, elle contribue à prévenir les comportements nuisibles par les signaux « moraux » qu'elle envoie. C'est pourquoi la proportionnalité des délits et des peines a une importance cruciale, indépendamment de la valeur purement dissuasive de la peine. Cette idée a été formulée par Beccaria lui-même : « Punir de peines infamantes des délits qui ne sont pas réputés honteux, c'est affaiblir le sentiment de réprobation à l'égard de forfaits qui le sont réellement. Si l'on voit, par exemple, appliquer la même peine de mort aussi bien à celui qui tue un faisan qu'à celui qui commet un assassinat, on ne fera plus aucune

---

[62] Voir ROBINSON, Paul H. et DARLEY, John M., « The Utility of Desert », *Northwestern University Law Review*, 91, 1997, p. 453-499. Ces deux auteurs recommandent sur des bases purement utilitaristes l'application des peines prônées par les théories rétributives du *just desert*.

[63] Voir VON HIRSCH, Andrew, BOTTOMS, Antony, BURNEY, Elizabeth et al., *Criminal deterrence and sentence severity : an analysis of recent research*, Oxford : Hart publ., 1999, p. 3.

différence entre ces deux sortes de délits »[64]. Cette dernière conclusion est certainement exagérée, mais l'argument général est valide : la proportionnalité des peines renforce l'intériorisation de normes morales favorables au plus grand nombre. Si le viol n'était puni que d'une amende, par exemple, la population pourrait en conclure que l'Etat ne juge pas cette pratique condamnable[65].

Dans cet exemple, le danger serait d'ailleurs moins d'éroder le sentiment de désapprobation de la population à l'égard du viol que de discréditer l'institution pénale dans son ensemble[66]. Il s'agit du second danger principal de la non proportionnalité des délits et des peines : le respect par les citoyens des interdits légaux semble dépendre en grande partie du sentiment que la loi est digne d'être obéie. La crédibilité de la loi pénale semble ainsi particulièrement importante pour réfréner les gens tentés de commettre des délits dont la gravité n'est pas aussi nettement perçue que celle d'autres méfaits, comme l'excès de vitesse ou l'alcool au volant[67].

Or si la loi, comme dans l'exemple du viol, s'écartait trop fortement de nos intuitions de justice ordinaires, sa crédibilité s'en trouverait extrêmement affectée. En effet, des expériences de psychologie sociale ont montré que les gens n'approuvent pas l'imposition de sanctions – pourtant optimales d'un point de vue dissuasif – dès lors qu'elles s'écartent de ce qu'ils jugent approprié à la

---

[64] BECCARIA, Cesare, *op. cit.*, p. 64.

[65] C'est vraisemblablement la raison pour laquelle des associations féministes, comme Fédération Nationale Solidarité Femmes, se sont émues de ce que l'amnistie présidentielle de 2002 exclue de son champ la maltraitance envers les animaux, mais pas les violences conjugales.

[66] Une peine aussi faible aurait en outre pour effet possible de réactiver la vengeance privée, ce qui serait socialement néfaste.

[67] Voir ROBINSON, Paul H. et DARLEY, John M, *op. cit.*, p. 453-499.

gravité du délit. La plupart des gens ont ainsi tendance à ne pas considérer que la probabilité de détection et de condamnation de l'infraction puisse avoir une quelconque influence sur le niveau désirable de la peine[68]. Or, d'un point de vue utilitariste, une infraction dont la probabilité de détection est très élevée pourra être punie beaucoup plus légèrement qu'une infraction de même gravité, mais dont la probabilité de détection est faible, puisque le niveau de dissuasion obtenu est alors identique dans les deux cas. Si, comme le suggère l'expérience, la plupart des gens raisonnent de façon rétributive, s'écarter trop fortement de leurs intuitions spontanées aurait certainement pour effet d'affaiblir leur respect pour la loi, et en conséquence de réduire son efficacité.

A cela s'ajoute le fait que les agents pénaux eux-mêmes peuvent faire obstacle à l'efficacité des peines lorsqu'ils les jugent excessives. Maurice Cusson croit ainsi déceler un « processus homéostatique » dans l'institution pénale, selon lequel la fréquence des peines aurait tendance à diminuer lorsque leur sévérité augmente[69]. Lorsque les juges ou les jurés estiment que la loi est trop sévère, ils auraient tendance à préférer relâcher l'accusé plutôt que de lui faire subir une peine jugée disproportionnée. Et lorsque les juges deviennent eux-mêmes sévères, ce sont les policiers qui tendraient à devenir plus sélectifs. Maurice Cusson en conclut que « toute décision en un point du système qui prescrit des peines que l'on juge excessives en un autre point provoquera des réactions tendant à en limiter la portée.

---

[68] Voir SUNSTEIN, Cass, SCHKADE, David and KAHNEMAN, Daniel, « Do People Want Optimal Deterrence ? », *Journal of Legal Studies*, 29 (1), 2000, p. 237-253.

[69] Voir CUSSON, Maurice, *Pourquoi punir ?*, Paris : Dalloz, 1987, p. 122-23.

Les lois jugées trop sévères seront rarement invoquées. Les juges implacables auront moins de causes à juger »[70].

Comme le résume bien Hart, si l'on dévie de l'échelle de proportionnalité intuitive des gens, « on court le risque soit de déconcerter le sens moral des gens », soit de « provoquer le mépris pour la loi »[71]. La prise en compte de ces effets possibles éclaire la spécificité de l'approche utilitariste. D'une part, en effet, l'utilitarisme considère que le sens moral commun, d'après lequel la peine doit être proportionnée au délit, n'est qu'un ensemble de *préférences* particulières, et non le messager d'une vérité morale. Et d'autre part, bien que ces préférences puissent parfois s'avérer particulièrement nuisibles pour le bien commun, il leur accorde le même poids que n'importe quelle autre préférence.

La préférence pour la proportionnalité peut ainsi s'avérer coûteuse car elle peut conduire à devoir augmenter les peines alors même que l'objectif de dissuasion ne l'exige pas, ou, inversement, à réduire certaines peines alors qu'une peine plus grande permettrait d'éviter un grand nombre de délits à moindre coût.

Aussi coûteuses soient-elles, cependant, un utilitariste ne jugera jamais ces préférences « illégitimes », c'est-à-dire indignes d'être prises en compte[72]. Si celles-ci sont

---

[70] *Ibid.*, p. 123.

[71] HART, H. L. A., *op. cit.*, p. 25 (« there is a risk of either confusing common morality or flouting it and bringing the law into contempt »).

[72] Nous faisons ici référence à l'idée, exprimée entre autre par l'utilitariste John Harsanyi, selon laquelle certaines préférences, comme le racisme ou le sadisme, du fait de leur illégitimité intrinsèque, ne devraient pas être prises en compte dans le calcul utilitariste. Voir HARSANYI, John C., « Morality and the Theory of Rational Behaviour », in A. Sen et B. Williams (ed.), *Utilitarianism and Beyond*, *op. cit.*, p. 39-53. L'utilitarisme n'a pourtant nullement besoin de les exclure par principe pour s'accorder au sens commun selon lequel on ne devrait pas légalement chercher à satisfaire ces

intangibles, il devra se résoudre à adapter la législation en conséquence. Dans le cas contraire, il pourra essayer de les modifier par la persuasion, en montrant qu'elles n'ont aucun fondement ou en dévoilant leurs conséquences néfastes. C'est pourquoi John Stuart Mill déclare que, pour apprécier le mérite d'un gouvernement, « il s'agit de savoir : 1° dans quelle mesure il pousse au bien public par l'emploi des facultés morales, intellectuelles et actives de chacun, telles qu'elles existent à un moment donné ; 2° quelle est son influence sur ces facultés, pour les améliorer ou les détériorer »[73].

Par conséquent, on ne peut pas objecter à l'utilitarisme qu'il pourrait conduire à essayer de faire le bonheur des citoyens malgré eux. Fixer « d'autorité » la peine optimale – du point de vue de l'objectif de la dissuasion – sera parfaitement contre-productif si cette peine s'écarte trop des attentes des citoyens. Un exercice de pédagogie, de débat et de persuasion est un préalable nécessaire pour parvenir au but recherché, ce qui exclut toute forme de despotisme éclairé.

Cette idée a été exprimée avec force par Bentham : « Quand nous voyons que des mesures gouvernementales,

---

préférences. La frustration du sadique, par exemple, n'est en rien comparable avec la souffrance qu'il souhaiterait infliger. Et surtout, il peut être bénéfique à long terme de frustrer certaines préférences, dès lors que cela permet de les modifier. Ainsi, le *Civil Rights Act* a eu incontestablement un impact très positif sur l'opinion des Blancs vis-à-vis des Noirs Américains. Voir sur ce point KAPLOW, Louis et SHAVELL, Steven, *op. cit.*, p. 418-431.

[73] MILL, John Stuart, *Le Gouvernement représentatif*, Paris : Guillaumin, 1877, p. 71. Bentham s'est également prononcé en ce sens : « Les lois ne sont pas nécessairement le fruit sauvage et spontané du pays auquel elles ont été données : s'il faut tenir compte des préjugés et des coutumes les plus aveugles, ils ne doivent cependant pas être les seuls arbitres ni les seuls guides. Celui qui attaque les préjugés sans raison ni nécessité et celui qui souffre d'être conduit par eux aveuglément, tel un esclave, sont aussi éloignés l'un que l'autre de ce que dicte la raison ». BENTHAM, Jeremy, *Essay on the Influence of Time and Place in Matters of Legislation, Works,* ed. Bowring, vol. I, p. 180, cité par LEROY, Marie-Laure, *op. cit.*, p. 494.

en soi excellentes, échouent parce qu'un peuple ignorant s'y oppose, nous nous irritons d'abord contre la stupidité de la multitude. Mais lorsque nous nous mettons à réfléchir, lorsque nous remarquons que cette opposition aurait pu aisément être prévue et que le gouvernement, imbu de son autorité, n'a pris aucune mesure pour préparer les esprits, pour dissiper les préjugés du peuple et gagner sa confiance, alors notre indignation se détourne du peuple ignorant et de ses erreurs, pour s'adresser à ses chefs dédaigneux et despotiques »[74].

[74] BENTHAM, Jeremy, *Principles of Penal Law, Works*, ed. Bowring, vol. I, p. 568, cité par LEROY, Marie-Laure, *op. cit.*, p. 487.

Chapitre 3

La question de la condamnation d'innocents

La deuxième objection majeure adressée à l'approche utilitariste est qu'elle pourrait conduire à recommander la condamnation d'innocents, puisqu'une telle pratique pourrait, dans certaines circonstances, être favorable au bonheur collectif. Cette accusation a connu un tel succès dans les pays anglo-saxons qu'elle a contribué à y réduire l'attrait de l'utilitarisme. Dans le domaine pénal, elle a été à l'origine de la renaissance des théories rétributives et a conduit la plupart de ceux qui restaient attachés à certains éléments de l'utilitarisme à se revendiquer d'un utilitarisme « contraint », c'est-à-dire borné par l'exigence déontologique de la non condamnation d'innocents. Toute la question, cependant, est de savoir si cette objection est réellement fatale à l'approche utilitariste.

Une question préalable : pourquoi serait-il **a priori** *plus justifié de punir les coupables ?*

Avant d'examiner l'objection avec attention, il convient tout d'abord de s'interroger sur les fondements de la distinction – intuitivement évidente – entre la condamnation d'un innocent et celle d'un coupable. La question n'est pas tant de déterminer pourquoi il serait inacceptable de punir un innocent, mais pourquoi il serait *davantage* justifié de punir un coupable qu'un innocent. Comment justifier le fait que nous soyons révoltés par la condamnation d'un innocent, alors que la condamnation des coupables nous semble dans l'ordre des choses ? Quels arguments soutiennent notre intuition selon laquelle infliger une grande souffrance à un individu est acceptable s'il a commis un crime dans le passé, et inacceptable s'il n'a rien fait de répréhensible ?

La seule façon de justifier positivement l'asymétrie intuitivement évidente entre l'innocent et le coupable semble être de montrer que le coupable *mérite* de souffrir, ou du moins que l'innocent, lui, ne le *mérite* pas. Autrement dit, la seule façon de défendre cette intuition fondamentale est de recourir aux arguments rétributifs.

Il existe deux formulations principales des théories rétributives : selon la première, dite « positive », il serait moralement obligatoire de punir un coupable, quelles que soient les conséquences qui pourraient en résulter, tandis que d'après la seconde, dite « permissive », il serait seulement *permis* de punir un coupable, la sanction ne devant effectivement être imposée que si elle produit des conséquences positives[75].

Le problème majeur de ces deux théories est cependant qu'il semble très difficile de rendre compte rationnellement d'une intuition *rétrospective* comme celle du mérite : en quoi, en effet, le passé d'un individu pourrait justifier ou permettre l'imposition d'une sanction dans le présent ? Cette difficulté est parfois éludée par les

---

[75] John Mackie distingue pour sa part trois formulations principales des théories rétributives : selon la conception positive, un coupable *doit* être puni ; selon la conception négative, un innocent *ne doit pas* être puni ; et selon la conception « permissive », un coupable *peut* être puni (et doit l'être si les conséquences sont positives). Ces deux dernières formulations vont toutefois le plus souvent de pair. Voir MACKIE, John, « Retributivism : A Test Case for Ethical Objectivity », in J. Feinberg et H. Gross (ed.), *Philosophy of law*, Fourth ed. Belmont (Calif.) : Wadsworth, 1991, p. 678.

tenants du rétributivisme, qui se contentent le plus souvent d'exposer leur théorie sans la justifier[76].

Ainsi, l'idée selon laquelle le criminel aurait une « dette » à l'égard de la société[77], qu'il « mériterait » d'être puni, ou encore l'idée que le crime doit être « annulé » par la peine[78], ne sont que la reformulation de manières différentes de la notion même de rétribution, et non une justification de son bien-fondé. Cette absence fréquente de justification se retrouve également chez les théories « permissives » : l'idée selon laquelle il serait interdit moralement de condamner un innocent est le plus souvent énoncée sans argument.

Toutefois, trois théories rétributives *positives* contemporaines se sont efforcées d'établir un lien entre le fait d'avoir commis un crime et celui d'être puni[79]. La première, formulée par Von Hirsh, présente la punition comme un signal de dénonciation et de censure : la peine serait appropriée parce qu'elle diffuserait un message de blâme et de réprobation à l'égard des criminels.

---

76 Kaplow et Shavell font par exemple remarquer que Kant lui-même ne donne aucun argument positif en soutien de la thèse rétributive. Voir KAPLOW, Louis et SHAVELL, Steven, *op. cit.*, p. 300.

77 John Mackie se demande à juste titre en quoi la souffrance du criminel paierait en quoi que ce soit sa dette à la société : si cette souffrance ne procure rien de bon à la société, il ne peut s'agir du paiement d'une dette. Voir MACKIE, John, « Retributivism : A Test Case for Ethical Objectivity », *op. cit.*, p. 680.

78 Nous faisons ici référence à la théorie hégélienne selon laquelle le crime « existerait » encore tant que le criminel n'a pas été puni, la peine permettant ainsi « d'annuler » le crime. Comme le note John Mackie à juste titre, cette thèse est tout simplement incohérente, car on voit mal comment il serait possible d'annuler en quelque manière que ce soit un acte *passé*. Voir *Ibid.*, p. 680.

79 Pour une présentation et une discussion de ces trois théories, voir BAGARIC, Mirko et AMARASEKARA, Kumar, « The Errors of Retributivism », *Melbourne University Law Review*, 24, 2000, p. 1-66.

Cet argument n'est toutefois pas sans faiblesse : s'il s'agit de stigmatiser les activités criminelles dans le but de les décourager, il s'agit d'un argument conséquentialiste, et non rétributif. Et s'il s'agit simplement d'adresser un message au criminel ou aux parties tierces, on voit mal pourquoi cela nécessiterait une sanction pénale, dans la mesure où une simple désapprobation officielle pourrait aussi bien faire l'affaire.

La deuxième grande théorie rétributive est celle selon laquelle la peine aurait pour fonction de réconcilier le criminel avec la communauté. La peine pourrait en effet conduire le criminel à reconnaître le caractère moralement déficient de sa conduite et à exprimer sa repentance, ce qui lui permettrait de réintégrer la communauté.

Les écueils de cette théorie sont du même type que ceux de la précédente : la peine est ici tournée vers l'avenir – altération des sentiments du criminel et réintégration de celui-ci dans la société – alors que le propre de la rétribution est d'être tournée vers le passé. On voit mal de surcroît pourquoi des peines sévères seraient appropriées à ce but.

La troisième théorie rétributive, plus cohérente, établit que la peine permettrait de rétablir l'équité. Selon cette théorie, la société est fondée sur la coopération équitable (*fair play*), ce qui fait du criminel un « passager clandestin »[80] (*free rider*) qui, par son acte, acquiert un avantage inéquitable. La peine serait ainsi nécessaire pour lui retirer cet avantage injustement acquis et rétablir l'équité.

Cette théorie, cependant, a des implications qui paraissent parfaitement contre-intuitives. Elle implique

---

[80] En économie, un passager clandestin est un agent qui utilise un bien collectif sans contribuer à son financement.

par exemple que la sanction doit être infligée en fonction de l'avantage acquis par le criminel, ce qui signifie que l'homme d'affaires qui commet un excès de vitesse pour décrocher un contrat à 100.000 dollars doit être puni beaucoup plus sévèrement que l'individu qui tue un clochard pour lui voler 10 dollars[81]. Et surtout, notre intuition selon laquelle un criminel doit être puni n'est en rien liée au désir de lui retirer l'avantage qu'il aurait acquis : c'est parce que nous avons le sentiment que son acte est mal en soi que nous pensons instinctivement qu'il mérite d'être puni.

Par conséquent, parmi les théories rétributives positives, la plus attrayante intuitivement est le rétributivisme intrinsèque – selon lequel il serait intrinsèquement bon de faire souffrir le criminel[82]. Comme nous l'avons noté, toutefois, cette théorie n'en est pas une : il s'agit simplement de l'énonciation non argumentée d'une de nos intuitions morales. Et cette intuition est difficile à étayer rationnellement parce qu'il semble impossible d'avancer des arguments susceptibles d'expliquer pourquoi une action *passée* pourrait légitimer une sanction *présente*.

Il existe cependant un autre type de théorie rétributive pouvant potentiellement justifier notre intuition selon laquelle il est acceptable de condamner un coupable. Le

---

[81] Voir MACKIE, John, *op. cit.*, p. 680.

[82] Il est en effet difficilement contestable que le rétributivisme positif soit *intuitivement* attrayant, même si l'on admet, avec H. L. A. Hart, que le mérite paraît résulter « d'une équation mystérieuse d'alchimie morale par laquelle deux maux, la dépravation morale et la souffrance, sont miraculeusement transformés en bien ». HART, H. L. A., *op. cit.*, p. 234, traduit par GUILLARME, Bertrand, *Penser la peine*, Paris : Presses Universitaires de France, 2003, p. 40. En effet, dans le cas des crimes qui nous paraissent aussi monstrueux qu'inexcusables, comme les crimes nazis, nous tendons à désirer que leurs auteurs soient punis, même si cela ne produit aucune conséquence positive. Toute la question, cependant, est de savoir si ce désir est justifié.

rétributivisme « permissif » s'appuie ainsi sur l'idée que les droits individuels n'auraient de sens que s'ils sont réciproques : avoir des droits serait ainsi inséparable d'un devoir, celui de respecter les droits d'autrui. Par conséquent, lorsqu'un individu ne respecte pas les droits d'autrui, il ne pourrait plus exiger qu'on respecte ses propres droits, et perdrait ainsi son droit à ne pas se voir infliger une sanction pénale. C'est pourquoi il serait « permis » de sanctionner les coupables, et interdit de punir les innocents.

Ce raisonnement présente cependant de nombreuses faiblesses. Il repose tout d'abord sur l'idée – contestable – selon laquelle nous posséderions par nature des droits individuels. Ensuite, même si l'on accepte cette prémisse du raisonnement, il reste difficile d'en admettre la conclusion. Comme le montre Burgh, le fait de violer les droits des autres ne paraît pas impliquer que l'on doive perdre les droits que l'on a violés[83]. Un juge corrompu qui viole le droit d'un individu à un procès équitable ne paraît pas devoir perdre le droit d'être jugé équitablement ; un individu qui viole la liberté d'expression d'autrui ne semble pas devoir perdre le droit de s'exprimer librement ; et la violation d'un contrat ne paraît pas devoir permettre l'interdiction de contracter[84]. La violation des droits d'autrui ne paraît donc nullement suffisante pour justifier la perte de ses propres droits, notamment lorsqu'il s'agit d'un droit aussi important que celui de ne pas être privé de liberté.

Les fondements du rétributivisme « permissif » ne paraissent donc pas plus convaincants que ceux du rétributivisme positif. Puisqu'il semble impossible de justifier la condamnation d'un coupable indépendamment

---

[83] Voir BURGH, Richard, « Do the Guilty Deserve Punishment ? », *The Journal of Philosophy*, 79, 1982, p. 193-210.
[84] *Ibid.*

des conséquences positives qu'elle peut produire, rien ne semble distinguer rationnellement *a priori* la condamnation d'un coupable de celle d'un innocent, en dehors de nos convictions intuitives. Etant donné la force de ces intuitions, cependant, il demeure nécessaire d'examiner les implications de l'utilitarisme avec précision.

Punir des innocents est inhérent à l'existence même de l'institution pénale

L'objection à l'utilitarisme, rappelons-le, est la suivante : l'approche utilitariste ne pourrait pas garantir qu'elle ne conduira jamais à condamner des innocents, puisqu'il est possible d'imaginer des situations dans lesquelles une telle pratique maximiserait le bonheur de la population.

Formulé de la sorte, cependant, l'argument ne paraît pas remettre davantage en cause l'utilitarisme que toute autre théorie reconnaissant la légitimité de *l'existence* même d'une institution pénale, car tout système judiciaire commet nécessairement des erreurs qui conduisent à envoyer des innocents en prison.

Comme l'explique Philipps, s'il était absolument interdit moralement de punir des innocents, alors il faudrait substituer à la maxime « mieux vaut laisser courir dix coupables plutôt que de condamner un innocent » la maxime suivante : « mieux vaut laisser courir tous les coupables plutôt que de punir un seul innocent »[85]. Autrement dit, ceux qui estiment que la condamnation d'un innocent doit être évitée *à n'importe quel prix* devraient recommander l'abolition pure et simple du

[85] Voir PHILIPS, Michael, « The Inevitability of Punishing the Innocent », *Philosophical Studies*, 48, 1985, p. 389-391.

système judiciaire. Accepter l'existence de l'institution pénale, au contraire, c'est admettre que la condamnation accidentelle – mais inévitable – d'une fraction d'innocents doit être mise en balance avec les bienfaits de la peine.

Dans ce cas, il convient alors de déterminer le nombre d'innocents que l'on est prêt à prendre le risque de condamner. On peut ainsi moduler le droit de la preuve de manière à réduire au maximum les doutes concernant la culpabilité de l'accusé, mais il est alors indispensable de prendre également en compte les effets négatifs d'une telle mesure. Si par exemple les violeurs ne sont condamnés que lorsqu'ils sont arrêtés en flagrant délit, le risque de condamner un innocent sera considérablement réduit, mais la valeur dissuasive de la peine s'effondrera du fait de la faible probabilité de condamnation ; il faut alors être prêt à accepter de voir le nombre de viols augmenter.

Comme l'a bien vu Bentham, par conséquent, il convient, du seul point de vue du bien-être des innocents, d'effectuer un arbitrage entre leur sécurité vis-à-vis de la justice étatique et leur sécurité face aux agressions potentielles d'autrui : « Apporter la sécurité aux innocents, tel est l'objet et la cause finale de ce scrupule peu réfléchi. De quelle espèce d'innocents ? De ceux-là et ceux-là seuls qui, par un faux témoignage, seraient poursuivis devant une cour de justice. De l'autre côté, ceux dont, en conséquence de la licence accordée à cette même règle, il pourrait se faire, et (si la règle était universellement connue) dont il ne pourrait manquer de se faire, qu'ils souffrent un châtiment identique, voire pire, entre les mains de malfaiteurs, sont, eux, complètement négligés. Les innocents qui ne se comptent rarement plus que par vingtaines ou par douzaines retiennent toute l'attention et paraissent constituer le monde entier. Les innocents qui doivent se compter par millions sont négligés et laissés pour compte »[86].

Parmi les moyens pouvant permettre de réduire le nombre de condamnations d'innocents, on peut également mentionner l'allocation illimitée de fonds à la justice ; dans ce cas, en effet, on pourrait à chaque enquête conduire des recherches nationales pour trouver des témoins, des alibis et d'autres moyens d'établir l'innocence d'un suspect. Mais les finances d'un Etat n'étant pas illimitées, ces fonds ne pourront pas être alloués à d'autres activités socialement utiles, ce qui contraint les autorités à mettre en balance la condamnation d'innocents avec d'autres maux dignes d'être combattus.

Par conséquent, les non-utilitaristes sont contraints d'admettre qu'ils doivent faire, comme les utilitaristes, un compromis entre le mal de punir des innocents et les avantages de l'institution pénale. Bien plus, s'ils souhaitent formuler des recommandations de politique publique, ils sont obligés d'évaluer ce que « vaut » la condamnation d'un innocent – sans quoi ils ne pourraient arbitrer entre des objectifs opposés – ce qui contraste avec l'idée qu'il s'agirait d'un acte absolument mauvais.

D'un point de vue utilitariste, le coût spécifique de la condamnation d'un innocent est aisé à établir : tout d'abord, les innocents et leurs familles tendent à souffrir davantage de la peine que les coupables. Ensuite, l'institution judiciaire connaît un discrédit potentiellement néfaste lorsqu'il est établi qu'elle a incarcéré des innocents. Enfin, l'anxiété finirait par s'installer dans la

[86] BENTHAM, Jeremy, *Works*, ed. Bowring, vol. VII, p. 552, cité par CLÉRO, Jean-Pierre, dans sa préface de BENTHAM, Jeremy, *Fragment sur le gouvernement ; Manuel des sophismes politiques,* Paris : LGDJ, 1996, p. 44-45.

population si elle venait à penser que bon nombre d'innocents étaient punis.

L'approche utilitariste permet donc à la fois de justifier positivement pourquoi il faut impérativement éviter de condamner des innocents – à la différence des rétributivistes qui n'ont que des intuitions à avancer – et pourquoi il est toutefois acceptable de mettre en place un système dont on sait qu'il conduira à en condamner certains.

Il convient par ailleurs de noter que plus une peine est dissuasive, plus elle réduit le nombre de condamnations effectives, ce qui diminue le nombre d'erreurs judiciaires commises. Dans le cas paradigmatique construit par Kaplow et Shavell, la peine « équitable » conduit à 250 condamnations, soit à la condamnation de 25 innocents si l'on fixe le taux d'erreurs à 10 %, alors que la peine disproportionnée ne conduit qu'à 10 condamnations, soit la condamnation d'un seul innocent[87]. Par conséquent, les rétributivistes doivent faire face à un dilemme entre le principe de proportionnalité et le principe de non-condamnation des innocents, dilemme que leur théorie n'a pas les moyens de surmonter. Car les partisans des « théories des droits » ne disposent, à la différence des utilitaristes, d'aucun élément pour pondérer l'importance des différents droits lorsqu'ils entrent en conflit.

Il est vrai que l'argument anti-utilitariste de la condamnation d'un innocent n'est jamais présenté sous cette forme. Les adversaires de l'utilitarisme prennent en général l'exemple suivant : imaginons que, à la suite d'un crime atroce non élucidé, une émeute causée par une foule en colère, dont on sait qu'elle causera des dizaines de morts, est en passe de se produire. L'utilitarisme, selon

---

[87] Voir KAPLOW, Louis et SHAVELL, Steven, *op. cit.*, p. 336-352.

ses adversaires, recommanderait nécessairement de condamner un innocent au hasard, de manière à éviter le plus grand mal, c'est à dire plusieurs morts plutôt qu'une condamnation injuste. La condamnation d'un innocent étant moralement prohibée, l'utilitarisme serait par conséquent une théorie inacceptable.

Avant même d'examiner cet exemple avec attention, on peut observer qu'il est assez étrange de voir les adversaires de l'utilitarisme se focaliser sur ce type de cas, rarissime, alors que des innocents sont chaque jour envoyés en prison du fait de la faillibilité du système pénal[88].

Selon eux, il y aurait toutefois une différence de nature entre les deux situations : dans un cas, la condamnation serait intentionnelle, tandis que dans l'autre elle serait accidentelle. Cette distinction manque toutefois de pertinence, parce que la décision *d'instituer* un système pénal n'est pas accidentelle. On voit donc mal ce qui distingue le fait de punir directement un innocent et le fait de créer une institution dont on sait pertinemment qu'elle conduira à condamner des innocents. Dans les deux cas, on accepte que des innocents soient punis.

Les anti-utilitaristes prétendent également qu'il y aurait une différence entre le fait de vouloir directement un résultat et le fait de vouloir autre chose, en sachant que cela causera un résultat non désiré. Mais cette distinction s'applique mal à l'exemple donné, puisque ceux qui décideraient de condamner l'innocent ne désirent pas ce résultat ; ce qu'ils désirent, c'est sauver les innocents qui mourraient dans l'émeute. Et surtout, cette distinction est intuitivement douteuse comme le montre l'exemple donné

---

[88] Sur cette question, voir la synthèse très complète de KAPLOW, Louis et SHAVELL, Steven, *op. cit.*, p. 344-347.

par Philippa Foot[89] : si des marchands vendent de l'huile dont ils savent qu'elle causera des morts – parce que périmée –, leur action semble condamnable alors même que la mort des consommateurs n'est absolument pas leur objectif, lequel est simplement de faire le plus de profit possible.

Dans cette logique, les adversaires de l'utilitarisme devraient considérer qu'un système condamnant des innocents par erreur est inadmissible, même si le fait d'en condamner volontairement leur paraît encore plus intolérable, ce qui affaiblit considérablement leur objection.

Les arguments utilitaristes contre la condamnation d'innocents

Que cela soit rationnel ou non, cependant, nous tendons intuitivement à penser qu'il est nettement plus grave de condamner un innocent dans le cas de l'émeute que dans le cadre du fonctionnement normal de l'institution pénale. Mais que recommanderait réellement l'utilitarisme dans ce cas ?

Notre but étant de déterminer des critères d'évaluation des politiques publiques – et non des actions individuelles – la question n'est pas de savoir si un juge pourrait, de sa propre initiative, condamner un innocent en se recommandant de l'utilitarisme. Ceci nous permettra d'écarter bon nombre d'arguments traditionnellement avancés sur cette question puisque, comme l'explique Hardin, « les interventions individuelles capricieuses que nombre de théoriciens moraux opposent aux prescriptions

---

[89] Cet exemple est décrit dans DOLKINKO, David, « Retributivism, Consequentialism, and the Intrinsic Goodness of Punishment », *Law & Philosophy*, 16, 1997, p. 507-528.

utilitaristes ne peuvent s'appliquer aux institutions »[90]. Il s'agit donc de déterminer s'il serait conforme à l'utilitarisme d'inscrire dans le droit pénal des sociétés occidentales la possibilité que des innocents puissent être condamnés.

Imaginons ainsi, avec Rawls, qu'on établisse une institution nommée « *telishment* », dont les membres auraient le pouvoir d'organiser un procès conduisant à la condamnation d'un innocent, dès qu'ils pensent que l'intérêt général l'exige[91]. Comme le montre Rawls, les problèmes potentiels d'une telle institution apparaissent immédiatement : quel contrôle peut-on faire peser sur les responsables du *telishment,* et comment éviter qu'ils ne poursuivent en justice n'importe qui – leurs ennemis, ou rivaux, par exemple ?

En outre, il est clair qu'une telle institution aura des répercussions sur le sentiment de sécurité des citoyens : savoir qu'on peut être poursuivi alors même qu'on n'a commis aucun crime est incompatible avec cet élément essentiel du bien-être que constitue la capacité à se projeter avec sécurité dans le futur. Comme l'explique Robert Goodin, s'il est de notoriété publique que des innocents peuvent être condamnés, chacun se mettra à penser : « Qui sera le prochain ? »[92].

---

[90] HARDIN, Russel, *op. cit.*, p. 103 (« The capricious sorts of individual interventions that many moral theorists pose as counterexamples to utilitarian prescriptions can have no institutional home »).

[91] Voir RAWLS, John, « Two Concepts of Rules », *Philosophical Review*, 64, 1955, p. 3-32.

[92] GOODIN, Robert E., *Utilitarianism as a public philosophy*, Cambridge : Cambridge University Press, 1995, p. 22. C'est pourquoi l'institution du « *telishment* » serait néfaste, même si l'on supposait que des gens parfaitement honnêtes la géraient.

En réponse à ces arguments, Igor Primoratz avance l'idée que ces écueils pourraient être surmontés si l'institution en question était totalement secrète et parfaitement responsable[93]. Mais l'idée selon laquelle une institution secrète, ne recevant aucune autorisation officielle, puisse ne pas abuser de son pouvoir est parfaitement fantaisiste. Et s'il existait un monde dans lequel ce type d'institutions était possible, nos intuitions politiques seraient certainement très différentes, puisque l'ensemble des freins et contrepoids (*checks and balances*) propres aux constitutions démocratiques seraient inutiles.

Admettons malgré tout l'argument pour en examiner les implications. Il n'est tout d'abord pas certain que cela soit une objection spécifique à l'utilitarisme, puisque la plupart des non-utilitaristes admettraient que dans certains cas extrêmes – dans lesquels des centaines de vies *innocentes* sont en jeu – il pourrait être justifié de condamner un innocent. Comme le souligne Smart, la solution anti-utilitariste est intuitivement loin d'être satisfaisante : « Car si se *produisait* réellement un cas dans lequel l'injustice serait le moindre des deux maux (en termes de bonheur et de souffrance humaine) alors la conclusion anti-utilitariste est également très insatisfaisante, à savoir que dans de tels cas on doit choisir le plus grand malheur, et peut-être le malheur de *beaucoup* le plus grand, comme le cas de ces centaines de personnes mourant dans des souffrances épouvantables »[94].

Et surtout, lorsque nous faisons effectivement face à des circonstances extraordinaires, nous n'avons pas

---

[93] Voir PRIMORATZ, Igor, *Justifying Legal Punishment*, Atlantic Highlands, N. J. : Humanities Press, 1989, p. 126-128.

[94] SMART, J. J. C. et WILLIAMS, Bernard, *Utilitarisme : le pour et le contre*, Genève : Labor et Fides, 1997, p. 67.

tendance à *juger* que la solution utilitariste est odieuse. Jean-Pierre Dupuy explique par exemple que Raymond Aubrac, à la Libération, a autorisé l'exécution d'un des chefs de la milice, à la suite d'un procès extrêmement sommaire, dans le but d'éviter le lynchage d'une cinquantaine de collaborateurs sous les verrous dont la vie était menacée. Il ne s'agit pas ici de la condamnation d'un innocent proprement dit, mais le cas est intéressant du fait de son caractère « parétien ». Selon Jean-Pierre Dupuy, en effet, lorsque nous sommes dans une situation parétienne, c'est-à-dire placés devant une alternative dans laquelle 10 personnes meurent ou une seule de ces 10 personnes meurt, personne ne peut raisonnablement s'opposer à la seconde solution[95].

Il existe peut-être des situations dans lesquelles il pourrait être justifié d'un point de vue utilitariste de condamner un innocent ; mais dans ce cas, et quelle que soit notre intuition *spontanée* quant à une telle pratique, il ne semble pas que cela doive, après réflexion, nous troubler de manière insurmontable.

Il suffit de prendre des exemples comparables, dans lesquels les circonstances ont exigé une solution à première vue odieuse. Churchill n'a pas alerté les résidents de Coventry de l'imminence d'un bombardement pour ne pas montrer aux Allemands que leurs codes étaient déchiffrés. Lors du bombardement de cette ville le 14 novembre 1940, de nombreuses vies ont ainsi été sacrifiées dans le but d'en sauver un plus grand nombre, sans que cela paraisse plus tard inadmissible[96].

---

[95] Voir DUPUY, Jean-Pierre, *Le sacrifice et l'envie : le libéralisme aux prises avec la justice sociale,* Paris : Calmann-Lévy, 1992, p. 147.

[96] Cet exemple est donné par Mirko Bagaric. Il remarque également qu'en temps de guerre, les citoyens sont obligés de se battre sous peine d'emprisonnement. Ce qui signifie que l'Etat les force à risquer leur vie, non

De manière générale, comme le note Amanda Alexander, les utilitaristes ont rendu leur défaite inévitable à force d'essayer de démontrer qu'ils pouvaient garantir une protection absolue des droits fondamentaux. Non seulement cela leur est parfaitement impossible, mais cela revient implicitement à admettre que ce sont les droits fondamentaux, et non le bien-être de la population, qui constituent le véritable critère d'évaluation politique[97].

D'une part, par conséquent, l'utilitarisme pénal ne saurait justifier l'existence d'institutions prévoyant expressément la condamnation d'innocents, et d'autre part, dans des situations extrêmes, la solution utilitariste paraît certainement moins troublante que ses adversaires voudraient le faire croire.

Dans cette première partie, nous avons essayé de montrer que l'utilitarisme pénal ne conduit pas, contrairement à ce qui est généralement avancé, à des solutions qui heurtent frontalement notre conscience morale. Bien plus, l'utilitarisme paraît une théorie pénale beaucoup plus précise, complète et cohérente que les théories alternatives. Enfin, loin de s'appuyer de façon *ad hoc* sur les intuitions supposées des gens, elle fournit une argumentation fondée sur un seul principe, que personne ne peut raisonnablement négliger, à savoir le bien-être des individus.

Et cependant, l'ensemble de ces éléments ne suffit pas à faire de l'utilitarisme une approche totalement convaincante. Car l'utilitarisme a beau ne pas recommander la condamnation pénale des fous,

---

parce qu'ils sont moralement mauvais, mais parce que le bien-être du plus grand nombre l'exige. Voir BAGARIC, Mirko, *op. cit.*, p. 96.

[97] Voir ALEXANDER Amanda, « Bentham, Rights and Humanity : A Fight in Three Rounds », *Journal of Bentham Studies*, 6, 2003.

l'imposition de peines disproportionnées pour des infractions mineures ni la condamnation d'innocents, nous ne pouvons pas nous empêcher de penser que le caractère indésirable de ces pratiques n'a rien à voir avec le fait qu'elles sont le plus souvent inutiles.

C'est pourquoi il reste à discuter l'objection la plus fondamentale adressée à l'approche utilitariste, formulée par Will Kymlicka : « même si elle fournit la bonne réponse, elle le fait pour de mauvaises raisons »[98] ; « du point de vue de notre sens moral ordinaire, c'est l'application du principe d'utilité en elle-même qui fait problème »[99]. Si les arguments anti-utilitaristes précités ont pu, malgré leurs faiblesses apparentes, emporter l'adhésion de tant de philosophes, c'est que l'utilitarisme est *a priori* peu séduisant, tant nous avons le sentiment que la condamnation d'un innocent est scandaleuse *en soi* et non pour des raisons d'utilité.

Il reste ainsi à déterminer dans quelle mesure nous pouvons faire confiance à nos « sentiments moraux » ou à nos « intuitions de justice ». Comme le note Bentham, en effet, « une chose est de savoir si un sentiment moral peut, à l'origine, naître d'une autre source que de l'idée d'utilité ; une autre est de savoir si, du point de vue des faits, une personne qui s'interroge sérieusement peut, après examen et réflexion, persister dans ce sentiment et trouver d'autres raisons pour le justifier. C'est encore autre chose de savoir si, en droit, une personne s'adressant à la communauté peut justifier convenablement ce sentiment en se fondant sur d'autres raisons »[100].

---

[98] KYMLICKA, Will, *Les théories de la Justice, une Introduction*, Paris : Découverte, 1999, p. 38.

[99] *Ibid.*, p. 39.

[100] BENTHAM, Jeremy, *Introduction to the principles of morals and legislation*, *op. cit.*, p. 28 (traduction M.-L. Leroy).

Deuxième partie

Nos intuitions morales à l'épreuve du naturalisme scientifique

Examiner l'approche utilitariste sous l'angle de nos intuitions morales est nécessaire, mais non suffisant pour en évaluer l'attrait. Car il reste à déterminer pourquoi il serait approprié de juger du bien-fondé d'une approche normative à l'aune de ces intuitions. En effet, si ces intuitions sont le simple fruit d'une culture particulière ou d'un milieu social donné, on voit mal ce qui pourrait leur conférer une quelconque validité. Inversement, s'il s'avère que les êtres humains ont des dispositions innées à adopter certaines normes morales, la validité de ces dernières ne serait pas non plus acquise pour autant, car il n'y a aucune raison de considérer que ce qui est « naturel » – c'est-à-dire inscrit dans nos gènes – est bon.

C'est pourquoi il convient d'examiner avec précision le statut ontologique des « intuitions » morales sur lesquelles s'est fondé jusqu'à présent notre raisonnement.

Chapitre 4

Le caractère illusoire de la responsabilité morale

Lors de l'examen des fondements rationnels du concept de « mérite », nous avons montré qu'il était particulièrement difficile de justifier qu'une action passée puisse légitimer une sanction présente. Il convient à présent d'approfondir cette question en nous interrogeant sur la question du libre arbitre et de ses liens avec le concept de responsabilité morale.

Certains philosophes préfèrent s'abstenir de trancher la question du déterminisme et du libre arbitre, au motif qu'il s'agit d'une question métaphysique, par nature indécidable. Or s'il est indéniable qu'il est impossible de « prouver » empiriquement la thèse du libre arbitre ou celle du déterminisme, il est en revanche parfaitement possible d'acquérir sur la question une conviction solidement argumentée.

Pour prendre une analogie, la thèse apparemment fantaisiste selon laquelle « ma main disparaît lorsque rien ni personne ne la regarde » est une thèse métaphysique, dans la mesure où aucune expérience scientifique ne pourra jamais prouver qu'elle est fausse. Mais on voit bien qu'il serait abusif de déclarer cette question « indécidable » ; l'ensemble des lois de la physique et de la biologie nous permettent de rejeter cette hypothèse sans hésitation.

La thèse causale remet en cause le principe même de responsabilité morale

En première analyse, le libre arbitre et la responsabilité morale paraissent incompatibles avec la thèse selon laquelle tous les évènements, « physiques » ou « mentaux », sont causés par des évènements préexistants.

Comme l'explique Galen Strawson, en effet, la thèse causale implique que lorsque nous agissons dans une situation donnée, notre action est causée par les caractéristiques physiologiques et psychologiques de notre être[101]. Or, pour être moralement responsable, il semble qu'il faille pouvoir être responsable d'au moins une partie de ces caractéristiques, ce que la thèse causale semble rendre impossible : si par exemple un individu fait des efforts pour acquérir une nouvelle personnalité, c'est qu'il possédait précédemment une personnalité lui ayant permis d'avoir le désir d'en changer. Pour être tenu responsable de sa nouvelle personnalité, il lui faut donc être *également* responsable de sa personnalité précédente, ce qui est problématique puisque celle-ci est elle-même due à une personnalité antérieure.

Autrement dit, puisque nous ne pouvons pas être responsables de notre patrimoine génétique ni de l'environnement qui a contribué, dans notre petite enfance, à modeler notre être, nous ne pouvons jamais être véritablement tenus pour responsables de nos actes, car tous nos efforts pour changer notre « moi » sont déterminés, en dernière analyse, par nos gènes et notre environnement initial. Pour pouvoir être responsable, il faudrait qu'il y ait un point de départ, un acte de cause de

[101] STRAWSON, Galen, « Free will », in E. Craig (ed.), *Routledge Encyclopedia of Philosophy*, London : Routledge, 2004.

soi (*causa sui*), ce qui reviendrait à nier le principe de causalité.

Les arguments philosophiques soutenant la thèse causale ont été avancés depuis longtemps, mais le développement récent des neurosciences est venu leur apporter un soutien décisif, dans la mesure où l'étude du cerveau contribue à dissiper les intuitions « dualistes » qui nous poussent à penser le corps et l'esprit comme deux entités distinctes. Les neurosciences cognitives permettent en effet de rejeter l'hypothèse selon laquelle il existerait, dans le cerveau, des évènements mystérieux opérant indépendamment des lois ordinaires de la physique, et liés d'une manière ou d'une autre à une volonté individuelle arrachée au monde physique[102].

La théorie computationnelle de l'esprit a ainsi permis de comprendre comment le monde des idées pouvait être uni avec le monde matériel. Cette théorie repose en effet sur l'idée que le cerveau est un système de traitement de l'information fonctionnant selon les mêmes principes qu'un ordinateur[103]. Les croyances et les souvenirs peuvent donc être compris comme des collections d'information – comme une base de données – et l'exercice de la pensée comme un traitement de ces informations selon certaines règles – comme ceux d'un programme informatique. Etant donné que le caractère matériel du traitement de l'information par un ordinateur ne pose pas de problème, la question de la nature des idées humaines n'est donc plus une énigme.

---

[102] GREENE, Joshua et COHEN, Jonathan, « For the law, neuroscience changes nothing and everything », *Philosophical Transactions of The Royal Society of London : Biological Sciences*, 2004, p. 1777.

[103] PINKER, Steven, *Comprendre la nature humaine*, Paris : Odile Jacob, 2005, chap. 3.

Les neurosciences ont permis de vérifier l'hypothèse selon laquelle nos idées et nos émotions correspondent toutes à une activité physiologique déterminée du cerveau. Elles ont notamment montré que des lésions de certaines parties du cerveau conduisent des êtres humains à perdre certaines capacités, comme la faculté de nommer des objets, de reconnaître des visages, ou de ressentir de l'empathie envers autrui. Les neurosciences ont même montré qu'il était possible de « lire » l'esprit d'un individu en observant son cerveau, conformément à l'hypothèse selon laquelle chaque pensée est le produit d'un évènement physique. L'imagerie magnétique permet par exemple de savoir si la personne imagine un visage ou un lieu[104].

Ainsi, toutes les opérations de notre cerveau sont des évènements *matériels*, soumis aux lois de la physique, et toutes les actions et décisions humaines sont le produit de ces évènements. Comme l'explique Robert Wright, « quelle que soit la combinaison d'éléments qui a donné à votre cerveau l'exacte organisation physique qui est la sienne à cet instant précis (y compris vos gènes, votre environnement initial et votre assimilation de la première moitié de cette phrase), cette organisation physique est ce qui détermine la façon dont vous réagirez à la seconde moitié de cette phrase »[105].

La thèse causale se contente d'affirmer que les actions humaines sont tout aussi *causées* que les actions d'un ordinateur, puisque les deux obéissent aux lois de la physique ; elle ne se prononce pas, en revanche, sur le statut déterministe ou probabiliste de la causalité.

Si la causalité est de type déterministe, cela signifie qu'à chaque instant, il n'y a qu'un seul futur possible,

---

[104] *Ibid.*

[105] WRIGHT, Robert, *L'animal moral : psychologie évolutionniste et vie quotidienne*, Paris : Michalon, 1995, p. 337.

déterminé par les lois de la physique d'une part, et les états passés du monde de l'autre.

Cette thèse n'implique en rien qu'il soit possible de faire des prédictions exactes sur le monde futur, car l'ensemble des lois gouvernant l'univers ne sont pas nécessairement accessibles à la connaissance des êtres humains. Comme l'explique Edward O. Wilson, la thèse déterministe implique uniquement qu'il est *théoriquement* possible de faire des prédictions exactes : « Si, en l'espace d'une microseconde, les réseaux actifs qui composent la pensée étaient connus jusqu'au dernier neurone, jusqu'à la dernière molécule, jusqu'au dernier ion, leur état exact à la microseconde suivante pourrait être prédit »[106]. Dans cette hypothèse, les concepts de libre arbitre et de responsabilité morale auraient peu de sens puisque les êtres humains n'auraient *jamais* la possibilité d'agir autrement qu'ils ne le font – un seul futur étant possible.

Si la causalité est de type probabiliste, comme le suggère la physique quantique, cela signifie que plusieurs futurs sont possibles, et que les prédictions scientifiques doivent se restreindre à un calcul des *probabilités* d'occurrence des évènements futurs. Mais il faut bien noter que, dans cette hypothèse, le libre arbitre est tout aussi illusoire que dans l'hypothèse déterministe, puisque ce qui fait qu'une action ou une autre se produit est le fruit du *hasard* – probabiliste – et non de la volonté de qui que ce soit[107].

---

[106] WILSON, Edward O., *L'unicité du savoir : de la biologie à l'art, une même connaissance*, Paris : R. Laffont, 2000, p. 158.

[107] Comme le montrent Green et Cohen, s'il était avéré que nos actions étaient complètement déterminées par les lois de la physique, les états passés de l'univers *et* le résultat de hasards probabilistes, nos actions ne seraient pas plus librement choisies que dans l'hypothèse déterministe. Voir GREENE, Joshua et COHEN, Jonathan, *op. cit.*, p. 1777.

Le seul moyen de préserver le libre arbitre, selon Daniel Dennett, serait par conséquent de nier la thèse causale : « Une issue serait d'épouser un dualisme franchement cartésien : l'esprit ne peut tout bonnement pas être le cerveau, mais plutôt quelque *autre* lieu, dans lequel de grands et mystérieux processus alchimiques se produisent, transformant les matériaux bruts qui les nourrissent – les éléments culturels que nous appelons des mèmes – en des éléments nouveaux qui transcendent leurs sources d'une manière qui est tout simplement hors de portée de la science »[108].

Cette issue se heurte cependant à l'ensemble des données neuroscientifiques, et plus largement, à l'approche scientifique et naturaliste. Par conséquent, si l'on admet que les actions humaines, les comportements animaux et les activités des ordinateurs sont régis par les mêmes types de cause, il faut en conclure que les hommes ne peuvent jamais agir autrement qu'ils ne le font. Si la causalité est de type probabiliste, on peut rétrospectivement penser que leurs actions auraient pu être différentes, mais on ne peut pas dire qu'ils auraient *pu* agir autrement, au sens où ils possédaient un certain contrôle sur leurs actions. La responsabilité morale, fondée sur l'idée qu'un criminel aurait pu ne pas commettre son crime, ne semble donc pas pouvoir être défendue.

La causalité et la responsabilité ne semblent pas être « compatibles »

Peu de philosophes remettent aujourd'hui en question la thèse causale, mais la plupart d'entre eux prétendent

[108] DENNETT, Daniel C., *Darwin est-il dangereux ? : l'évolution et le sens de la vie*, Paris : Odile Jacob, 2000, p. 443.

cependant que la responsabilité morale est « compatible » avec elle. Selon les philosophes compatibilistes, en effet, la responsabilité morale ne dépendrait pas nécessairement de la possibilité pour l'agent de pouvoir agir autrement[109].

Peter Strawson fonde ainsi sa théorie compatibiliste sur les attitudes réactives que nous avons les uns envers les autres[110]. Ces attitudes, comme le ressentiment, sont dirigées vers le caractère *intentionnel* d'une action jugée moralement déficiente. C'est pourquoi, lorsque nous percevons qu'un agent commet une action blâmable sans en avoir eu l'intention, notre ressentiment envers lui est inhibé. Pour reprendre l'exemple de Strawson, nous tendons à avoir du ressentiment contre quelqu'un qui arrose intentionnellement notre pique-nique, tandis que nous n'aurons aucun sentiment de ce type si c'est la pluie qui ruine notre déjeuner. Tenir quelqu'un pour responsable ne serait donc rien d'autre que la propension typiquement humaine à avoir une attitude réactive de désapprobation, laquelle serait causée par le caractère intentionnel des actions d'autrui.

La théorie compatibiliste de Harry Frankfurt s'appuie pour sa part sur la différence entre désirs de premier ordre et désirs de second ordre, ces derniers étant de nature à fonder la responsabilité morale[111]. Par exemple, le

---

[109] Il ne suffit pas, pour établir une théorie compatibiliste sérieuse, de redéfinir le concept de « liberté » de manière à ce qu'il soit compatible avec la thèse causale. Par exemple, si l'on définit la liberté comme le fait de ne pas être physiquement ou psychologiquement contraint, ce concept est parfaitement compatible avec la thèse causale, mais cette liberté n'est pas celle qui paraît pertinente pour fonder la responsabilité morale. Voir sur ce point HONDERICH, Ted, *Punishment, the supposed justifications*, Harmondsworth : Penguin Books, 1971, p. 117-22.

[110] STRAWSON, Peter, « Freedom and Resentment », in G. Watson (ed.), *Free Will*, Oxford : Oxford University Press, 1982, p. 59-80.

[111] FRANKFURT, Harry, « Freedom of the Will and the Concept of a Person », in G. Watson, *Free Will*, Oxford : Oxford University Press, 1982, p. 81-95.

kleptomane ne peut être tenu pour responsable moralement de ses actes de vol, dans la mesure où ses désirs de second ordre expriment une désapprobation des actes que ses désirs de premier ordre le poussent à commettre. Toute la question serait donc de savoir si l'agent révèle son véritable « soi » dans ses actions, ou bien si sa conduite est déterminée par quelque chose qui lui est étranger, auquel cas il ne saurait être tenu pour responsable.

Malgré le relatif succès de ces deux théories dans les milieux philosophiques anglo-saxons, la plupart des compatibilistes préfèrent fonder la responsabilité morale sur la capacité humaine de délibération consciente et rationnelle[112]. Les agents seraient moralement responsables de leurs actions parce qu'ils possèdent la faculté de raisonner rationnellement. Mettre l'accent sur les capacités mentales de l'agent semble ainsi correspondre à nos intuitions quotidiennes : lorsque nous nous trouvons en situation de choix, et que nous délibérons rationnellement et consciemment, nous avons la conviction que notre futur n'est pas joué d'avance, et qu'il ne dépend pas de notre « personnalité » initiale. A la différence des enfants, nous avons la capacité d'évaluer de façon critique les raisons qui nous font agir, et de *modifier* ces raisons. Avoir le pouvoir de modifier nos raisonnements, c'est, semble-t-il, celui de faire des choix, et c'est ce pouvoir qui pourrait fonder la responsabilité.

La faiblesse des théories compatibilistes, cependant, est qu'elles ne prennent pas en compte l'ensemble des implications de la thèse causale. Ainsi, Peter Strawson tend à négliger le fait que les intentions qu'il qualifie de « moralement déficientes » sont elles-mêmes le fruit

---

[112] STRAWSON, Galen, *op. cit.*

d'une série causale échappant au pouvoir de l'agent[113]. De même, Frankfurt ne semble pas se préoccuper des causes qui génèrent nos désirs de second ordre, alors même que celles-ci, dans la perspective causale, ne sont pas moins arbitraires que celles qui provoquent les désirs de premier ordre – comme la kleptomanie. Quant à notre faculté de délibérer de façon consciente et rationnelle, elle ne semble pas ouvrir plus de choix véritable que lorsque nous agissons de façon inconsciente, puisque les raisons mises en balance dépendent de notre passé ainsi que des lois de la physique régissant le cerveau. Lorsque nous réfléchissons consciemment, nous déterminons notre choix en fonction de certaines raisons ; mais le fait que ces raisons finissent par l'emporter contre d'autres dépend de notre personnalité initiale, laquelle dépend d'un enchaînement causal sur lequel nous n'avons aucun contrôle.

Les théories compatibilistes ne sont pas convaincantes parce qu'elles contournent l'implication fondamentale de la thèse causale, à savoir qu'il apparaît illusoire d'attribuer la responsabilité morale à un individu qui ne pouvait pas s'empêcher de commettre son acte. Si le caractère intentionnel ou réfléchi de l'action paraît intuitivement fonder la responsabilité, c'est *uniquement* parce que nous tendons spontanément à penser les

[113] Il prétend de surcroît que notre ressentiment n'est pas « inhibé » par la connaissance de ces causes. Cette affirmation est toutefois loin d'être vérifiée : connaître l'ensemble des circonstances qui ont conduit un criminel à commettre son acte atténue notre ressentiment, et peut même provoquer notre sympathie à son égard. Inversement, nous pouvons difficilement nous empêcher d'éprouver du ressentiment pour un crime commis par un fou, lorsqu'il touche par exemple un membre de notre famille, même si nous savons que son intention n'était pas moralement déficiente. Tout ceci suggère que l'appréciation de la responsabilité morale ne saurait s'appuyer sur nos seules attitudes réactives spontanées. Voir STRAWSON, Peter, *op. cit.*, p. 59-80.

intentions, les désirs de second ordre et les délibérations rationnelles comme des sources de choix non causés, *comme des causes premières*. Ce qui est décisif n'est donc pas de savoir si l'agent avait la capacité de réfléchir à ses actes, mais s'il pouvait agir autrement, et c'est cela même que la thèse causale réfute.

Une expérience de pensée, présentée par Joshua Greene et Jonathan Cohen[114], semble à cet égard éclairante. Imaginons qu'un groupe de scientifiques aient sélectionné avec attention les gènes et l'environnement d'un individu ('Mr Puppet') de manière à ce qu'il commette un crime dans certaines circonstances. Selon les auteurs, on ne saurait intuitivement tenir Mr Puppet pour responsable de son crime, dans la mesure où celui-ci était causé par des forces qui n'étaient pas sous son contrôle. Peu importe qu'il ait été capable de délibération au moment de son crime ; ce qui compte, c'est que ses croyances et désirs étaient sous le contrôle de forces extérieures. Or, selon la thèse causale, nous sommes tous dans le cas de Mr Puppet, nous sommes manipulés de la même manière par nos gènes et notre environnement ; la seule différence est que nous ne sommes pas victimes d'un complot, mais simplement de causalités naturelles.

Tout ceci suggère que la question de la responsabilité morale n'est pas liée au caractère intentionnel ou délibéré de nos actions, mais bien à la possibilité d'exercer un contrôle sur ses propres actions. Comme l'expliquent Greene et Cohen, nos intuitions sont fondamentalement dualistes, et non matérialistes : lorsque quelqu'un a commis un crime, la plupart des gens veulent savoir si ce crime est imputable à son « moi » véritable, ou s'il a été au contraire déterminé par son éducation ou ses gènes. Or,

---

[114] Voir GREENE, Joshua et COHEN, Jonathan, *op. cit.*, p. 1780.

dans une perspective naturaliste, il n'existe pas de « *moi* » indépendamment de l'éducation et des gènes[115].

Les causes de l'attrait psychologique du compatibilisme

Il convient à présent d'expliquer pourquoi ce qui semble une position peu convaincante – le compatibilisme – est pourtant largement répandu parmi les philosophes[116]. La réponse apportée par Greene et Cohen est que les philosophes souhaitent réconcilier l'apport de la science avec nos intuitions ordinaires.

Une de ces intuitions principales est la sensation subjective de liberté : ne suis-je pas libre de lever la main comme je l'entends ? En réalité, comme l'avait pressenti Spinoza, cette sensation de liberté est sans doute liée au fait que nous sommes conscients de nos désirs, mais rarement des causes de ces désirs[117].

Les expériences menées par le neurophysiologue Benjamin Libet indiquent en effet que le moment à partir duquel nous devenons conscients d'une *intention* survient 300 millisecondes *après* l'activité du cerveau associée à cette action ; l'*action* liée à l'intention, quant à elle, suit l'intention consciente de 200 millisecondes environ[118]. Libet est parvenu à cette conclusion en demandant à un sujet de plier un doigt volontairement et d'indiquer précisément à quel moment il prend la décision de le

[115] *Ibid.*, p. 1779.
[116] Il faut noter que, parmi les non philosophes, l'incompatibilisme semble beaucoup plus populaire, même s'il va de pair avec la croyance en un libre arbitre et avec le rejet de la thèse causale.
[117] Voir SPINOZA, *Ethique*, Paris : Flammarion, 1996, p. 61.
[118] Voir CAMERER, Colin, LOEWENSTEIN, George, PRELEC, Drazen, « Neuroeconomics : How neuroscience can inform economics », *Journal of Economic Literature,* 43, mars 2005, p. 31.

faire. Les enregistreurs placés sur le crâne du sujet ont ainsi pu noter une activité électrique neuronale dans l'aire du cerveau en charge de la prise de décision et de son exécution avant même que le sujet ait déclaré prendre sa décision.

Par conséquent, c'est vraisemblablement parce que l'activité neurale précédant nos intentions est inaccessible à notre conscience que nous croyons posséder un libre arbitre. La sensation de posséder une intention étant causée par des évènements neuronaux préalables et inaccessibles à notre conscience, nous percevons nos intentions comme « librement voulues ».

Greene et Cohen mettent l'accent sur une autre intuition qui rend le compatibilisme attrayant, celle selon laquelle nous avons tendance à penser qu'*autrui* agit librement. Cette propension à imaginer que les êtres humains, à la différence des phénomènes « naturels », pourraient agir sans être déterminés pourrait venir du fait que nous appréhendons le comportement des choses animées et des choses inanimées par le biais de deux systèmes cognitifs distincts.

C'est ce que montre notamment l'expérience de Heider et Simmel : ces deux chercheurs ont créé un film dans lequel des formes géométriques simples se meuvent de diverses manières – par exemple, un triangle poursuit un cercle ; un autre triangle s'interpose, etc. Lorsque des gens normaux voient ce film, ils ne peuvent s'empêcher de penser que le premier triangle essaie de faire du mal au cercle, que l'autre triangle tente de le protéger, etc.

Certains schémas simples déclenchent ainsi chez l'homme une cascade d'inférences sociales complexes, le conduisant à attribuer à ces formes géométriques des désirs et des croyances. La constitution cérébrale de l'être humain fait qu'il ne peut s'empêcher de penser ces évènements en termes sociaux, et même en termes moraux : seul un sujet atteint d'une lésion cérébrale rare s'est contenté de décrire le mouvement de ces formes en termes neutres.

Cette forme de pensée est ce que les scientifiques appellent la psychologie intuitive (« *folk psychology* »), laquelle ferait l'objet d'un processus cognitif distinct de la physique intuitive (« *folk physics* »), qui consiste en un sens intuitif de la façon dont la matière ordinaire se comporte.

C'est vraisemblablement la raison pour laquelle nous avons deux types d'intuitions apparemment irréconciliables : lorsque nous percevons les êtres humains comme des systèmes physiques (*folk physics*), par exemple lorsque nous observons le fonctionnement de leur cerveau par imagerie magnétique, nous ne pouvons pas les penser plus dignes de blâme ou d'estime qu'un ordinateur ; mais lorsque nous les percevons sous l'angle psychologique (*folk psychology*), nous pouvons difficilement nous empêcher de les penser comme libres et responsables moralement.

Le philosophe Strawson conceptualise cette dualité, lorsqu'il établit une distinction entre nos attitudes objectives et subjectives envers autrui – entre « notre humanité et notre intelligence » – mais il est contraint de négliger son intuition causale – son « intelligence » – pour parvenir à la rendre compatible avec la responsabilité. Or, comme l'expliquent Greene et Cohen, « le problème du libre arbitre et du déterminisme ne trouvera jamais une solution intuitivement satisfaisante, car il provient d'un conflit entre deux systèmes cognitifs distincts qui parlent des 'langues' cognitives différentes »[119].

Ainsi, au lieu d'essayer de mettre en cohérence des intuitions fondamentalement incohérentes, il paraît plus raisonnable – c'est-à-dire épistémologiquement plus rigoureux – d'embrasser le point de vue de la science moderne comme seule référence fiable.

L'attrait de la thèse compatibiliste est également lié aux conséquences *apparemment* dévastatrices de l'abandon du concept de responsabilité morale[120]. Comment, en effet, distinguer pénalement les homicides involontaires, les crimes passionnels et les meurtres avec préméditation, si le criminel n'avait pas plus de contrôle sur ses actes dans le premier cas que dans les deux autres ? Si un criminel calculateur n'est pas moins *causé*, ni plus responsable *moralement* qu'un criminel atteint d'une certaine pathologie mentale, sur quelles bases établir une distinction pénale rationnelle entre ces deux cas ? Et comment même établir une distinction pertinente entre un coupable et un innocent ? Car si la thèse causale est juste, les criminels doivent être considérés comme innocents *moralement* puisque leur seul tort est d'être nés

---

[119] GREENE, Joshua et COHEN, Jonathan, *op. cit.*, p. 1783 (« The problem of free will and determinism will never find an intuitively satisfying solution because it arises out of a conflict between two distinct cognitive subsystems that speak different cognitive 'languages' »). Galen Strawson avance la même idée lorsqu'il prétend que le problème central de la question du libre arbitre est que nous avons des raisons logiques ou métaphysiques très solides de supposer que nous ne pouvons pas en être dotés, mais que nous avons également des raisons psychologiques tout aussi solides de nous croire libres. Voir STRAWSON, Galen, *op. cit.*

[120] John Stuart Mill suggère ainsi que les hommes ont inventé le libre arbitre « s'imaginant qu'ils ne pourraient justifier le châtiment de quelqu'un dont la volonté fût dans un état totalement haïssable qu'à la condition de supposer qu'il est tombé dans un tel état en l'absence de toute intervention de circonstances antérieures ». MILL, John Stuart, *L'Utilitarisme*, Paris : Presses universitaires de France, 1998, p. 128.

sous une mauvaise étoile, avec un patrimoine génétique et un environnement défavorables ; leur seul tort, en un mot, est d'avoir joué de malchance.

A toutes ces questions, seule l'approche utilitariste développée en première partie paraît pouvoir donner une réponse convaincante, c'est-à-dire compatible à la fois avec l'irresponsabilité morale des individus et avec les principes auxquels nous tenons le plus. Ce qui paraissait à première vue une faiblesse – le fait que l'utilitarisme se désintéresse de la valeur morale des individus – s'avère donc un avantage incontestable sur les théories concurrentes, toutes fondées d'une manière ou d'une autre sur le « mérite ». Seule l'approche utilitariste est donc réellement compatible avec la thèse causale.

Il nous est certes impossible, dans la vie de tous les jours, d'éviter d'agir comme si autrui était doté d'un libre arbitre, et il serait certainement desséchant humainement de penser les actions de nos proches comme totalement déterminées[121]. Mais la réflexion proprement politique ne subit pas un tel écueil, comme le montre l'analogie proposée par Greene et Cohen[122] : bien que la physique nous enseigne que l'espace est courbe, il nous paraît parfaitement impossible de nous représenter un espace non plat. Cette incapacité n'est nullement un problème pour la vie de tous les jours ; ce n'est que lorsque nous souhaitons lancer des fusées que nous devons raisonner en termes d'univers courbe. De même, notre tendance innée à considérer que les actions d'autrui ne sont pas

[121] Il s'agit d'un des arguments de Strawson, pour qui il n'est pas désirable de percevoir autrui de façon « objective » et de renoncer à nos attitudes réactives, car ce renoncement, s'il était possible, réduirait à néant ce qui fait la richesse affective d'une vie humaine. Voir STRAWSON, Peter, *op. cit.*, p. 59-80.

[122] Voir GREENE, Joshua et COHEN, Jonathan, *op. cit.*, p. 1784.

déterminées n'est pas un problème pour notre vie quotidienne ; en revanche, lorsqu'il s'agit de décider d'envoyer quelqu'un en prison, nous pouvons difficilement ne pas tirer toutes les implications de la thèse causale.

On peut noter que le même raisonnement est valide dans le cas de la distribution des richesses comme dans le cas de la distribution des peines : le « mérite » supposé de ceux qui ont réussi ne doit pas être un élément sur lequel fonder les politiques redistributives. C'est pourquoi les utilitaristes ont de bonnes raisons, contrairement à ce qu'avance Robert Nozick, de ne pas attacher d'importance à la notion de mérite et de penser que « tout ce que l'on a besoin de savoir, lorsqu'on juge la justice d'une distribution, est qui finit avec quoi »[123].

---

[123] NOZICK, Robert, *Anarchie, État et utopie*, Paris : Presses Universitaires de France, 1988, p. 192-3.

Chapitre 5

Le caractère illusoire de l'objectivité des normes morales

Si, comme nous l'avons montré en première partie, l'intuition selon laquelle un criminel mériterait d'être sanctionné ne peut être fondée rationnellement, et si de surcroît la thèse causale rend illusoire le concept de responsabilité morale, nos intuitions rétributives semblent devoir être réévaluées. Car ce sont elles qui nous font penser que le fait de s'être rendu coupable d'un méfait *suffit* à justifier la peine. Sans ces intuitions, nous serions tout aussi scandalisés par la condamnation d'un coupable que par celle d'un innocent, et nous n'accepterions la condamnation des coupables qu'à regret, et pour des raisons utilitaristes.

Il est donc nécessaire d'examiner d'où viennent ces intuitions, et ce d'autant plus que, selon Mill, l'idée que nous devons recevoir ce que nous méritons, en bien et en mal, est probablement « la façon la plus claire et la plus forte qu'a la mentalité commune de concevoir l'idée de justice »[124]. Le philosophe John Mackie montre de surcroît qu'il est consubstantiel aux concepts de bien et de mal de comprendre un élément rétributif. En effet, d'après nos intuitions ordinaires, ce qui est mal n'est pas simplement quelque chose de dommageable ou d'interdit, c'est également ce qui *mérite* une condamnation, ou une réaction hostile. C'est pourquoi Mackie considère que l'examen de la validité de nos intuitions rétributives

---

[124] MILL, John Stuart, *L'Utilitarisme*, Paris : Presses universitaires de France, 1998, p. 105.

constitue un « test » pour la thèse de l'objectivité de la morale[125].

L'origine évolutionniste de nos intuitions rétributives

Selon John Mackie, le paradoxe de la rétribution s'évanouit lorsque, au lieu de nous demander pourquoi les mauvaises actions méritent une sanction, nous nous demandons pourquoi nous avons tendance à considérer que les criminels méritent d'être punis[126]. Les explications les plus convaincantes de l'origine de nos sentiments rétributifs sont aujourd'hui apportées par la psychologie évolutionniste.

Cette discipline, récente et en plein essor, s'appuie sur l'idée que la psychologie des êtres humains a été façonnée par les forces sélectives qui se sont exercées sur les ancêtres de l'homme moderne. La psychologie évolutionniste réunit deux révolutions scientifiques : la révolution cognitive des années 1950 et 1960 d'une part, et la révolution de la biologie de l'évolution des années 1960 et 1970[127].

Elle repose ainsi sur cinq postulats principaux. Premièrement, le cerveau est un système physique, fonctionnant comme un ordinateur, et dont les circuits sont conçus pour générer des comportements appropriés aux circonstances environnementales. Deuxièmement, nos circuits neuronaux ont été modelés par la sélection

---

[125] Voir MACKIE, John, « Retributivism : A Test Case for Ethical Objectivity », *op. cit.,* p. 677-684.

[126] Voir MACKIE, John, « Morality and the retributive emotions », *Criminal Justice Ethics*, in J. Mackie, *Selected papers,* Oxford : Clarendon Press, 1985, p. 215.

[127] Sur la psychologie évolutionniste, voir l'ouvrage de synthèse de PINKER, Steven, *Comment fonctionne l'esprit*, Paris : Odile Jacob, 1997.

naturelle de manière à résoudre les problèmes que nos ancêtres ont connus pendant l'histoire de l'évolution de notre espèce. Troisièmement, la majeure partie de ce qui se passe dans l'esprit est inconsciente. Quatrièmement, des circuits neuronaux différents sont spécialisés pour résoudre des problèmes adaptatifs différents. Cinquièmement, notre cerveau est davantage adapté à l'âge de pierre qu'au monde actuel, car la majeure partie de l'évolution humaine s'est déroulée dans des circonstances qui n'existent plus aujourd'hui, si bien que l'on peut parler de « *mismatch* », ou d'inadaptation au monde moderne[128].

Selon cette théorie, nos intuitions rétributives seraient ainsi issues de dispositions génétiques, sélectionnées par l'évolution parce qu'elles se sont avérées utiles pour la survie et la reproduction de nos ancêtres[129]. La première fonction de nos instincts rétributifs serait en effet de dissuader autrui de nous agresser. La valeur de la dissuasion, en effet, dépend de la certitude de la riposte ; or si le choix de riposter dépendait seulement d'une analyse « coût-bénéfice » au cas par cas, il y aurait des cas où il ne serait pas dans l'intérêt de l'individu agressé de riposter, ce qui affaiblirait la dissuasion.

C'est pourquoi les êtres humains ont pu développer un goût pour la vengeance, de manière à ce qu'ils aient tendance à riposter même lorsque les coûts de la riposte sont supérieurs aux gains. Dans un environnement où il

---

[128] Voir l'article de COSMIDES, Leda et TOOBY, John, « Evolutionary psychology : a primer », disponible uniquement en ligne : www.psych.ucsb.edu/research/cep/primer.html.

[129] Le nouveau paradigme darwinien repose en réalité sur l'idée que la sélection naturelle n'agit pas seulement par le biais de la simple survie et de la reproduction, mais cette précision n'est pas cruciale pour notre raisonnement. Pour une introduction au darwinisme contemporain, voir DAWKINS, Richard, *Le gène égoïste*, Paris : Odile Jacob, 2003.

n'existait pas de forces de l'ordre, ceux qui avaient la réputation d'être intraitables dans la vengeance disposaient ainsi d'un avantage adaptatif sur les autres, ce qui expliquerait pourquoi les gènes favorisant les sentiments rétributifs ont pu se propager dans la population humaine.

Les psychologues évolutionnistes Martin Daly et Margo Wilson en concluent que « le volume énorme des péroraisons mystico-religieuses sur l'expiation, la pénitence, la justice divine n'est autre que l'attribution à une autorité supérieure et objective de ce qui est en réalité une affaire on ne peut plus pragmatique et terrestre : décourager les actions concurrentielles égoïstes en réduisant leur rentabilité à zéro »[130].

Cette explication, cependant, ne rend pas compte des sentiments rétributifs dont nous faisons preuve alors même que les bénéfices individuels d'une riposte paraissent extrêmement faibles. En effet, des expériences psychologiques en laboratoire montrent que nous avons tendance à sanctionner un individu qui a triché lors d'un échange, alors même qu'il nous est financièrement coûteux d'imposer la sanction et que nous n'échangerons plus jamais avec l'individu sanctionné[131]. La sanction se fait par conséquent au profit des futurs partenaires d'échange du tricheur, dans la mesure où ce dernier sera dissuadé de recommencer. C'est pourquoi l'on dit d'une telle punition qu'elle est « altruiste » : les coûts personnels qu'elle implique bénéficient à d'autres individus. En outre, des expériences du même type ont montré que nous étions prêts à imposer des sanctions

[130] Cité par WRIGHT, Robert, *op. cit.*, p. 342.

[131] Voir FEHR, Ernst et GACHTER, Simon, « Altruistic punishment in humans », *Nature,* 415, 10 Janvier 2002, p. 137-140.

financièrement coûteuses – pour nous-mêmes – à des individus dont nous ne faisons qu'*observer* la tricherie[132].

Les résultats de ces expériences sont, en un sens, peu surprenants, tant les exemples de « sanction altruiste » de ce type sont nombreux dans la vie quotidienne ; mais ils méritent d'être expliqués, car d'un point de vue évolutionniste, les comportements altruistes ne vont pas de soi. Il semble ainsi que la disposition innée à sanctionner de façon altruiste ait été une condition *essentielle* du développement de la coopération entre les êtres humains et serait par conséquent l'une des raisons pour lesquelles l'homme est naturellement un animal social.

Tout le problème de l'action collective, en effet, est que chacun a tout intérêt à ne pas coopérer et à profiter, en passager clandestin, de l'action des autres, alors même que la situation de chacun se trouverait améliorée si tout le monde acceptait de coopérer. Diverses explications évolutionnistes ont été avancées pour rendre compte de la très forte propension à coopérer des êtres humains, mais la tendance à souhaiter punir les défections semble un élément essentiel de cette capacité humaine[133]. Comme dans le cas de la riposte individuelle, la menace de la sanction doit être crédible pour dissuader les comportements de passager clandestin, ce qui expliquerait pourquoi les sentiments rétributifs « altruistes » auraient été sélectionnés par l'évolution.

La tendance à éprouver du ressentiment envers les individus qui ont commis un tort à l'égard d'*autrui* ne

---

[132] Voir SRIPADA, Chandra et STICH, Stephen, « A Framework for the Psychology of Norms », in S. Laurence, P. Carruthers, et S. Stich. (ed.), *Innateness and the Structure of the Mind*, Vol. II, Oxford University Press (à paraître).

[133] C'est la thèse de Sripada, développée dans SRIPADA, Chandra S., « Punishment and the strategic structure of moral systems », *Biology and philosophy*, 20 (4), 2005, p. 767-789.

serait donc pas seulement liée à la sympathie que l'on éprouve pour les victimes, contrairement à la thèse de Mill[134]. Cette explication, quoique séduisante, est insuffisante puisque nous tendons à être scandalisés par certaines « tricheries » qui n'affectent aucune victime de façon visible, comme les abus de biens sociaux.

Les raisonnements évolutionnistes étant parfois peu compris ou caricaturés en France, il convient de préciser que l'hypothèse de l'existence de gènes favorisant les sentiments rétributifs n'implique pas que ceux-ci ne puissent pas être considérablement atténués. Cela signifie simplement que, toutes choses égales par ailleurs, la *probabilité* qu'un individu souhaite punir autrui est plus grande lorsqu'il possède certains gènes que lorsqu'il ne les possède pas. Il ne s'agit que d'une probabilité, dans la mesure où l'environnement joue bien sûr un rôle crucial dans *l'ampleur* des sentiments rétributifs.

Une étude récente sur la violence aux Etats-Unis a par exemple montré que la « culture de l'honneur » du Sud des Etats-Unis, caractérisée par une forte propension à se venger brutalement en cas d'agression physique ou verbale, est liée à l'histoire de cette région. Au XIXe siècle, du fait de la position frontalière des Etats du Sud, les lois y étaient peu nombreuses et peu respectées, et les razzias sur les élevages, principale ressource économique, y étaient particulièrement dévastatrices. Par conséquent, le meilleur moyen pour les propriétaires d'échapper aux

[134] « Et il me semble que le sentiment de justice est le désir animal de repousser ou de venger un mal ou un dommage fait à soi-même ou à ceux pour lesquels on a de la sympathie, désir qui est élargi de manière à inclure tous les êtres humains grâce à la capacité que possède l'humanité d'élargir sa sympathie et de concevoir l'intérêt personnel de manière intelligente ». MILL, John Stuart, *L'Utilitarisme, op. cit.*, p. 122.

vols était d'être perçus comme aptes à se défendre eux-mêmes, et prêts à riposter quoi qu'il en coûte.

C'est ce qui explique que les conduites violentes liées à cette « culture de l'honneur » se soient développées dans cette région ; et ces conduites ont perduré bien que les conditions qui les avaient fait naître aient disparu. On retrouve d'ailleurs ce type de « culture de l'honneur » dans les quartiers pauvres des villes du Nord, là où l'autorité publique est très affaiblie et où la « réputation » devient une ressource vitale, pour laquelle les individus sont prêts à tuer ou être tués[135].

Outre le fait qu'ils soient universellement observés, plusieurs phénomènes semblent confirmer le caractère inné de nos sentiments rétributifs. En premier lieu, on peut remarquer que les enfants font preuve d'attitudes « punitives » alors même qu'on ne leur donne pas d'instruction quant à la nécessité de punir la violation des normes. Par exemple, des enfants à qui l'on s'est contenté d'expliquer qu'il ne faut pas brutaliser les bébés manifestent spontanément de l'hostilité et de la colère vis-à-vis de ceux qui transgressent cette norme[136].

Mais la meilleure preuve des origines biologiques de nos sentiments rétributifs est leur présence manifeste dans le monde animal, et en particulier chez les grands singes. Le primatologue Franz de Waal observe ainsi que la coopération des chimpanzés se caractérise non seulement par la réciprocité positive (« un service en vaut un autre »), mais également par la réciprocité négative (« œil pour œil, dent pour dent »)[137]. Il observe par exemple que

[135] Voir GUILLO, Dominique, *Sciences sociales et sciences de la vie*, Paris : Presses Universitaires de France, 2000, p. 270-276.
[136] Voir SRIPADA, Chandra et STICH, Stephen, *op. cit.*
[137] DE WAAL, Franz, *La politique du chimpanzé*, Paris : Odile Jacob, 1995, p. 221.

Nikkie – un des singes qu'il a longuement étudiés – avait l'habitude de punir les femelles individuellement, peu de temps après que celles-ci aient uni leurs forces contre lui. Il faisait ainsi payer régulièrement les actions négatives par une autre action négative.

Dans son ouvrage récent *Le bon singe : les bases naturelles de la morale*, il explique que le désir de revanche « est le revers de la médaille de la réciprocité. Les actes inamicaux à destination des individus mesquins (de même que les représailles directes et indirectes) suggèrent que les chimpanzés possèdent un certain sens de la justice et de l'équité. Si ces primates recourent à des règles du type 'œil pour œil', c'est peut-être parce qu'elles présentent une utilité 'éducative' : les comportements indésirables se trouvent ainsi pénalisés »[138].

La grande différence entre les primates et les humains est que la volonté de riposte chez les singes se restreint aux relations privées – il existe peu de sanctions altruistes. On peut cependant observer que chez les primates sociaux, des singes subordonnés peuvent attirer l'attention des singes dominants lorsque les actions d'un tiers sont susceptibles de nuire à ces derniers[139]. En outre, les animaux fortement sociaux comme les chauves-souris peuvent détecter et punir les collecteurs de nourriture du groupe ayant « triché ».

De manière plus générale, ces exemples soutiennent la thèse naturaliste de la *continuité* entre la morale des

---

[138] DE WAAL, Franz, *Le bon singe : les bases naturelles de la morale*, Paris : Bayard éd., 1997, p. 200. Il ajoute que dans les sociétés humaines, « l'institution judiciaire évite de se fonder sur l'expression brute des sentiments et recourt prioritairement à des arguments invoquant le bien de la société. Mais on ne peut nier qu'y interviennent des désirs de vengeance » (*Ibid.*).

[139] Voir CUTTON-BROCK, T. H., PARKER, G. A., « Punishment in animal societies », *Nature*, 373 (6511), janvier 1995, p. 209-16.

animaux et la nôtre. Comme le soutient Jonathan Haidt, « étant donné le nombre de proches parallèles entre la vie sociale des humains et des chimpanzés, la charge de la preuve repose sur ceux qui souhaitent défendre la thèse de la discontinuité – selon laquelle la moralité humaine a émergé *ex nihilo* lorsque nous avons développé la capacité de parler et de raisonner »[140].

La théorie de l'évolution, source de scepticisme moral

L'approche évolutionniste de l'homme, et notamment de sa psychologie morale, pose ainsi la question de l'existence de normes morales objectives. On peut dire d'une norme morale qu'elle existe objectivement lorsqu'elle existe indépendamment de ce que les êtres humains peuvent en penser : par exemple, penser que la norme « les assassins d'enfants doivent être punis » est objective signifie que les êtres humains posséderaient l'obligation de punir les criminels de ce type même si cela leur répugnait au plus haut point.

L'objectivité, en ce sens, est donc le fait de posséder une existence en dehors de nos inclinations spontanées et de nos représentations mentales : nous savons par exemple que la Terre existe en dehors de notre cerveau – elle est *mind-independent.* En revanche, il paraît difficile de défendre l'idée qu'il existe des normes morales en dehors de nos représentations et de nos préférences.

[140] HAIDT, Jonathan, « The emotional dog and its rational tail : A social intuitionist approach to moral judgment », *Psychological Review*, 108, 2001, p. 826 (« Given so many close parallels between the social lives of humans and chimpanzees, the burden of proof must fall on those who want to argue for discontinuity – that is, that human morality arose ex nihilo when we developed the ability to speak and reason »).

Dans un cadre naturaliste, il semble ainsi difficile de prétendre qu'il existerait des « propriétés morales » comme le « mérite » indépendamment de la subjectivité des êtres humains. En premier lieu, en effet, l'approche naturaliste remet en cause l'intuitionnisme, thèse selon laquelle les principes moraux nous seraient accessibles par des moyens non identifiés par la science. L'intuitionnisme a notamment été développé par le philosophe George E. Moore, pour qui les vérités morales sont des propriétés non naturelles, seulement accessibles à des intuitions de type extrasensoriel. Cette thèse est incompatible avec le naturalisme, car si l'on admet que des intuitions « morales » nous donnent accès à des connaissances inaccessibles à la science, il faut également admettre la possibilité que des intuitions de ce type puissent nous donner des informations sur certains faits, comme l'immatérialité de l'esprit, la fausseté du darwinisme ou l'existence de divinités[141].

En outre, dans l'approche naturaliste, il semble difficile de prétendre que la théorie darwinienne est simplement *compatible* avec l'existence de principes moraux objectifs. Car les croyances éthiques ont une influence sur nos comportements, et notamment sur ceux qui ont trait à la survie et à la reproduction, comme l'a montré l'examen de nos instincts rétributifs. S'il existe des vérités morales, par conséquent, il a dû être adaptatif d'y croire, comme le suggère James Q. Wilson : « Si Charles Darwin et ses disciples ont raison, et je le pense, le sens moral a dû avoir une faculté d'adaptation ; sinon, la sélection naturelle aurait joué contre des individus qui avaient des qualités aussi inutiles que la compassion, la maîtrise de soi ou le sens de justice, et en faveur de ceux

---

[141] Voir SOMMERS, Tamler, ROSENBERG, Alex, « Darwin's Nihilistic Idea : Evolution and the Meaninglessness of Life », *Biology and Philosophy*, 18 (5), novembre 2003, p. 659.

qui avaient des tendances opposées, telles qu'une cruauté impitoyable, une préférence pour les gratifications immédiates ou le refus de partager »[142].

Comme nous l'avons noté à propos des sentiments rétributifs, la thèse selon laquelle les grands traits de notre « sens moral » sont fondés biologiquement est parfaitement compatible avec la très grande diversité des normes et des coutumes. Comme l'explique James Q. Wilson, « Les règles (ou les coutumes) marquent l'ajustement des sensibilités morales aux réalités des conditions économiques, des structures sociales et des systèmes familiaux, et il n'y a pas à être surpris que la grande variété de ces données ait produit une aussi grande variété de règles »[143].

Si, par conséquent, les piliers fondamentaux de notre sens moral ordinaire sont des adaptations, on ne peut pas prétendre que notre capacité à former des jugements éthiques corrects existe *malgré* la sélection naturelle, ou *indépendamment* de leur caractère adaptatif. Car le fait que nos jugements moraux pourraient être à la fois vrais et adaptatifs relèverait de la simple coïncidence[144] : si croire en l'existence du concept de « mérite » a été adaptatif, comme nous l'avons soutenu, le fait que ce concept puisse être également une propriété morale objective paraît pour le moins sujet à caution.

Si la sélection naturelle était un processus qui *conférait* de la valeur à notre monde, le caractère à la fois objectif et adaptatif des croyances morales pourrait être défendable, mais l'essence même de la théorie de Darwin est que l'évolution est un phénomène sans aucune finalité. Par conséquent, le fait que le hasard et la nécessité nous

---

142 WILSON, James Q., *Le sens moral*, Paris : Plon, 1995, p. 47.
143 *Ibid.*, p. 299-300
144 Voir SOMMERS, Tamler, ROSENBERG, Alex, *op. cit.*, p. 660.

aient conduits à avoir des croyances rétributives ne peut être un argument en faveur de leur validité.

Comme le montre Michael Ruse, l'immense erreur des théoriciens évolutionnistes de l'éthique, comme Herbert Spencer, a été de ne *pas* considérer l'évolution comme un simple cheminement aléatoire, qui ne mène nulle part : « Ils la voient *progressive*, allant de la monade ou de l'informe jusqu'à l'humain, le très hautement organisé. L'évolution suit un mouvement ascendant du simple jusqu'au très complexe, qui a une très grande valeur »[145]. Les hommes tireraient ainsi leur valeur supérieure du fait qu'ils seraient au sommet du processus évolutif.

Or l'évolution n'est pas un processus ascendant : la sélection naturelle est au contraire un algorithme aveugle sans la moindre destination. C'est pourquoi l'on ne peut pas conclure du fait qu'une chose est naturelle que cette chose serait moralement bonne. Non pas parce qu'il y aurait un fossé logique infranchissable entre l'être et le devoir être, mais parce que le caractère aléatoire de la sélection naturelle rend cette proposition dénuée de sens. On ne peut pas dire, par conséquent, qu'un coupable mérite d'être puni pour la simple raison qu'une mauvaise action provoque naturellement chez l'homme une réaction hostile.

Une raison supplémentaire d'être sceptique quant à l'existence de propriétés morales objectives est que notre sens moral aurait pu évoluer de façon différente. Robert Wright exprime bien cette idée : « Sympathie, empathie, compassion, conscience, culpabilité, remords et jusqu'au sens même de la justice – ce sens qui veut que le bien

---

[145] RUSE, Michael, « Une défense de l'éthique évolutionniste », in J. P. Changeux (dir.), *Fondements naturels de l'éthique*, Paris : Odile Jacob, 1993, p. 41.

mérite récompense et que le mal soit châtié –, on peut désormais regarder tout cela comme des vestiges de l'histoire organique sur une planète particulière »[146].

Selon Michael Ruse, il n'est donc pas logiquement impossible d'imaginer que notre sens moral ait pu évoluer de telle sorte qu'il nous recommande de haïr autrui, et non d'être équitable avec lui. Cela ne prouve certes pas qu'il n'existe pas de propriétés morales objectives, mais cela montre que, même si c'était le cas, il resterait impossible de savoir si notre sens moral les perçoit adéquatement : « Il se pourrait qu'en réalité (...) la moralité exige que nous haïssions notre prochain. Simplement, pauvres fous que nous sommes, nous croyons que notre devoir est de les aimer ! »[147].

Il ne suffit certes pas de rappeler que les croyances morales sont issues de la sélection naturelle pour conclure à leur subjectivité. Le fait que la capacité de « voir » ait été sélectionnée par l'évolution, par exemple, n'implique pas que ce que nous voyons n'existe que dans notre cerveau. Mais la grande différence entre notre sens de la vision et notre « sens moral » est que nous avons toutes les raisons de croire qu'il existe une réalité matérielle *extérieure* (*mind-independent*), et que nous avons de bonnes raisons de penser que ce que nous voyons est bien conforme à cette réalité, puisque les exigences de survie

---

146 WRIGHT, Robert, *op. cit.*, p. 316. On peut certes contester le caractère radical de cette thèse, en montrant que les problèmes auxquels répondent les normes morales – allocation des ressources, action collective, etc. – peuvent se poser sur n'importe quelle planète et qu'ils n'admettent pas un nombre infini de solutions. Mais même si l'on admettait que les traits essentiels de la morale humaine devaient être systématiquement sélectionnés, cela ne serait d'aucun secours à la thèse selon laquelle celle-ci serait *objective*, puisque le fait qu'un processus dénué de finalité sélectionne systématiquement certaines croyances ne saurait constituer un signe de leur objectivité.
147 RUSE, Michael, *op. cit.*, p. 60.

et de reproduction requièrent des organismes qu'ils puissent faire de bonnes prédictions sur le monde qui les entoure.

Dans le cas des croyances morales, au contraire, leur origine évolutionniste ne permet pas de conclure quoi que ce soit quant à leur adéquation à des propriétés morales objectives. Et surtout, l'approche naturaliste ne nous donne aucune raison de croire qu'il existe de telles propriétés.

Comme l'explique Richard Joyce, le fait que nous posséderions des croyances morales même s'il n'existait aucune propriété morale est une raison de douter sérieusement de leur existence[148]. Allan Gibbard tient un raisonnement similaire lorsqu'il montre que, si l'explication évolutionniste est vraie, « nous n'avons pas besoin de faits normatifs pour expliquer que nous produisions les jugements normatifs que nous faisons. Que nous les produisions sera expliqué par les profits de la coordination. Supposer qu'il y a des faits normatifs est purement gratuit »[149].

Cette hypothèse n'est pas seulement gratuite ; elle est également particulièrement peu plausible, tant ces propriétés morales seraient « bizarres » (« *queer* »), comme l'a soutenu John Mackie[150]. Si elles existaient, ces propriétés seraient différentes de toutes les propriétés que nous connaissons, parce qu'elles contiennent une notion de contrainte, d'obligation. Or l'idée selon laquelle

---

[148] Voir JOYCE, Richard, *The myth of morality,* Cambridge : Cambridge university press, 2001, p. 158-65. Joyce souligne ainsi que le processus qui génère nos jugements moraux n'a absolument aucun lien avec leur adéquation éventuelle à des propriétés morales objectives, ce qui n'est pas le cas de nos jugements empiriques.

[149] GIBBARD, Allan, *Sagesse des choix, justesse des sentiments : une théorie du jugement normatif*, Paris : Presses Universitaires de France, 1996, p. 137.

[150] Voir MACKIE, John, *Ethics : inventing right and wrong*, New York : Penguin, 1977, p. 40.

l'univers énoncerait des prescriptions que nous aurions l'obligation de suivre est trop étrange pour pouvoir être défendable. Les valeurs intrinsèques et les obligations morales ont un sens dans une vision du monde finaliste, pas dans le monde radicalement dépourvu de sens que nous propose la théorie de l'évolution.

Comme le souligne Richard Posner, l'humanisme laïc est par conséquent une forme de religion : « Thomas Nagel est un athée auto-proclamé, et pourtant il pense que personne ne peut *vraiment* croire que 'chacun de nous n'a de valeur qu'à nos propres yeux et aux yeux de ceux qui se préoccupent de nous'. Eh bien, aux yeux de qui d'autre, alors ? (…) De qui d'autre sinon du Dieu auquel Nagel ne croit pas ? »[151].

Les implications de la théorie de l'évolution remettent ainsi en cause toute tentative philosophique de « fonder » quelque théorie morale que ce soit. Comme l'explique Michael Ruse, « une fois que l'on a vu que l'éthique normative est simplement une adaptation mise en place par la sélection naturelle pour faire de nous des êtres sociaux, on peut voir aussi toute la naïveté qu'il y aurait à penser que la morale (c'est-à-dire la morale normative) possède un fondement »[152].

---

[151] POSNER, Richard, *The problematics of moral and legal theory*, Cambridge, Mass. : The Belknap Press of Harvard University Press, 1999, p. 78 (« Thomas Nagel is a self-proclaimed atheist, yet he thinks that no one could *really* believe that 'we each have value only to ourselves and to those who care about us'. Well, to whom then ? (…) Who else but the God whom Nagel does not believe in ? »).

[152] RUSE, Michael, *op. cit.*, p. 58-59.

Les neurosciences en soutien de la thèse projectiviste de Hume

A présent que nous avons dévoilé les causes *lointaines* de nos intuitions rétributives, et montré que leur origine biologique, loin d'en confirmer la validité morale, ne faisait qu'en révéler le caractère subjectif, il convient de déterminer leurs causes *prochaines*, ce qui permettra de comprendre pourquoi nous avons tendance à les croire objectives.

Des chercheurs ont étudié par imagerie magnétique le fonctionnement du cerveau d'individus jouant à des jeux du type « dilemme du prisonnier »[153] dans lesquels il leur était possible de sanctionner les individus qui ne coopéraient pas[154]. L'objectif était d'expliquer pourquoi des individus n'hésitaient pas à sanctionner leurs partenaires, alors que, dans l'expérience, cela leur était coûteux et non profitable. D'après les conclusions de l'expérience, la raison pour laquelle les sujets imposaient des sanctions est qu'ils en *retiraient du plaisir*, puisque la région du cerveau activée lors de la décision de sanctionner était la région liée aux circuits de récompense.

Ces circuits sont responsables de notre motivation à agir – la libération de dopamine provoque notre appétit pour un comportement – et nous « récompensent » une fois l'action concrétisée par une bouffée de bien-être, issue d'une libération d'endorphines, qui nous incitera à recommencer la même action en cas de motivation

---

[153] Il s'agit d'une situation dans laquelle deux acteurs, lorsqu'ils décident de coopérer, maximisent le total commun des gains, mais dans laquelle l'incertitude quant à la stratégie de l'autre incite chaque acteur à faire défection, ce qui aboutit à une situation sous optimale pour chacun des deux.

[154] Voir DE QUERVAIN, D. J-F, FISCHBACHER, U., TREYER, V., SCHELLHAMMER, M., SCHNYDER, U., BUCK, A., FEHR, E., « The Neural Basis of Altruistic Punishment », *Science*, 305, 2004, p. 1254-1258.

identique. La défection d'autrui semble donc enclencher automatiquement le désir de riposter – et non la simple déception d'avoir été floué –, ce désir étant lié à l'anticipation du plaisir que procurera la sanction.

Cette découverte est d'autant plus remarquable que la région du cerveau activée est la même que celle qui est sollicitée lorsque nous faisons le choix de coopérer de façon altruiste[155]. Une autre expérience étudiant l'activité neurale de jeunes femmes en train de jouer au dilemme du prisonnier a en effet montré que, au moment où elles optent pour la coopération plutôt que pour la défense purement rationnelle de leurs intérêts, les circuits de récompenses étaient activés. Et plus les femmes s'engageaient dans des stratégies de coopération, plus le plaisir cérébral était activé. La réaction de plaisir neural était nettement moins élevée chez les participantes lorsqu'elles savaient qu'elles jouaient contre un ordinateur, ce qui confirme que c'est bien la perspective d'alliance avec autrui qui était source de plaisir, et non pas seulement la perspective de gains financiers. Autrement dit, notre sens de la coopération (la réciprocité positive) et son corollaire, notre sens de la rétribution des tricheurs (la réciprocité négative), sont issus des mêmes types d'émotions.

Le propre de ces réponses émotionnelles est qu'elles sont automatiques et largement inconscientes. Elles font partie de ce que les neuroscientifiques appellent le « Système I » du cerveau, qui désigne les processus automatiques – cognitifs ou émotionnels – constituant le mode de fonctionnement du cerveau *par défaut*. Notre système visuel, par exemple, effectue des milliers

---

[155] Voir RILLING, J. K., GUTMAN, D. A., ZEH, G., PAGNONI, G., BERNS, G.S., KILTS, C.D., « A neural basis for social cooperation », *Neuron*, 18 ; 35 (2), Juillet 2001, p. 395-405.

d'interprétations par seconde, sans que nous en soyons conscients[156]. Au processus automatique s'oppose le processus « contrôlé », ou « Système II », associé à une délibération consciente et à un sentiment subjectif d'effort[157]. Lorsque nous percevons un visage comme « séduisant », par exemple, c'est l'œuvre du Système I dans la mesure où cette perception est automatique et non le fruit d'une délibération.

Or, selon toute vraisemblance, il en va de même pour les sentiments rétributifs : nous avons le *sentiment* instinctif et inconscient que certains comportements méritent d'être punis. Le caractère émotionnel de cette intuition explique pourquoi le concept de « mérite » est si difficile à justifier rationnellement. Mais surtout, c'est son caractère *automatique* et *inconscient* qui nous fait penser que le mérite est une propriété morale objective, et non une propriété simplement projetée par notre cerveau émotionnel sur le monde naturel. Ce sont les mêmes mécanismes automatiques qui font *voir* à la plupart des hommes qu'une femme est plus « sexy » qu'une guenon, même si l'on admet plus aisément le caractère projectif et *« mind-dependent »* d'un tel jugement puisque à l'évidence, les singes *voient* exactement l'inverse[158].

Ce raisonnement semble pouvoir être étendu sans difficulté à l'ensemble de nos jugements moraux. Non seulement les êtres humains semblent ainsi dotés d'une tendance innée à sentir des « flashs » d'approbation ou de

---

[156] Voir PINKER, Steven, *Comment fonctionne l'esprit*, Paris : Odile Jacob, 1997, chap. 3.

[157] Pour une courte synthèse sur ces deux systèmes, voir CAMERER, Colin, LOEWENSTEIN, George, PRELEC, Drazen, « Neuroeconomics : How neuroscience can inform economics », *op. cit.*, p. 15-21.

[158] Voir GREENE, Joshua, « From neural 'is' to neural 'ought' : what are the implications of neuroscientific moral psychology ? », *Nature Reviews Neuroscience,* 4, p. 849.

désapprobation envers certains schémas d'évènements[159], mais il paraît désormais acquis que ces « intuitions » sont essentiellement de nature émotionnelle. Les études scientifiques les plus récentes tendent ainsi à accréditer la thèse humienne selon laquelle nous *projetons* nos croyances morales sur le monde par le biais de nos sentiments[160].

En premier lieu, en effet, les expériences du neurobiologiste Antonio Damasio ont montré que des patients atteints, en bas âge, d'une lésion aux aires *émotionnelles* – et non cognitives – du cerveau connaissent tout au long de leur vie un déficit moral, tant dans leur comportement que dans leur jugement[161]. L'exemple d'une fille de vingt ans ayant subi à l'âge de 3 mois un accident cérébral est ainsi particulièrement suggestif. Indifférente aux punitions verbales et physiques, elle a fait preuve, à l'adolescence, d'une incapacité à respecter les règles sociales les plus courantes. Enceinte à 18 ans, elle s'est montrée indifférente aux besoins de son enfant, et, de façon

[159] Voir HAIDT, Jonhatan, CRAIG, Joseph, « Intuitive ethics : how innately prepared intuitions generate culturally variable virtues », *Daedalus* (*on human nature*), 2004, p. 55-66. Précisons à nouveau que des prédispositions innées ne « déterminent » pas totalement nos comportements. Un bon exemple de la différence entre une détermination totale et une probabilité accrue est le fait que les hommes ont des caractéristiques innées qui font qu'il leur est beaucoup plus facile de développer une aversion pour un serpent que pour une fleur – ce qui s'explique très bien d'un point de vue évolutionniste.

[160] « On peut donc comparer le vice et la vertu aux sons, aux couleurs, à la chaleur et au froid qui, selon la philosophie moderne, sont non pas des qualités des objets, mais des perceptions de l'esprit ». HUME, David, *Traité de la nature humaine*, Paris : Aubier, 1946, p. 584-585.

[161] Voir ANDERSON, S.W., BECHARA, A., DAMASIO, H., TRANEL, D. et DAMASIO, A.R., « Impairment of social and moral behavior related to early damage in human prefrontal cortex », *Nature Neuroscience*, novembre 1999, p. 1032-1037.

générale, n'exprimait jamais de culpabilité ou de sympathie pour autrui[162].

La caractéristique des patients de ce type est que leurs capacités cognitives n'ont globalement pas été atteintes par la lésion subie ; leurs comportements anti-sociaux sont plutôt le fruit d'une incapacité à déployer les émotions morales appropriées. D'une part, en effet, la lésion a pour effet de détruire la région qui déclenche certaines émotions sociales innées (honte, culpabilité, sympathie), et d'autre part, elle détruit également la zone voisine, qui permet de retenir quelle émotion a été ressentie lors de telle ou telle action, et qui tend à inhiber notre comportement lorsque celui-ci a fait l'objet d'une punition dans le passé[163].

En second lieu, la thèse de l'importance des émotions dans le jugement et le comportement moral est soutenue par l'étude des psychopathes. Ceux-ci se distinguent en effet d'autres individus manifestant des comportements anti-sociaux par le fait qu'ils font preuve d'un manque caractérisé d'empathie et de remords. La vue de photos montrant des individus en détresse, par exemple, n'éveille chez eux aucune émotion particulière, à la différence des criminels violents non psychopathes. Le fait que les psychopathes soient atteints d'un déficit essentiellement émotionnel est donc un argument de plus en faveur de la thèse du caractère émotionnel de nos croyances morales.

Cette thèse est également confortée par une troisième série d'études scientifiques, sur lesquelles nous reviendrons, qui s'appuient sur l'imagerie cérébrale. Elles ont ainsi montré que les aires émotionnelles du cerveau sont particulièrement activées lorsqu'on nous demande de résoudre certains « dilemmes moraux ».

---

[162] Voir DAMASIO, Antonio, *Spinoza avait raison : joie et tristesse, le cerveau des émotions*, Paris : Odile Jacob, 2003, p. 156.
[163] *Ibid.*, p. 158.

Bien que le jugement moral repose essentiellement sur des *émotions*, le fait que les individus n'en aient pas conscience les conduit à penser que celui-ci s'appuie sur de bonnes *raisons*. De nombreuses expériences montrent en effet que les gens ont tendance à essayer de donner des raisons *plausibles* de leurs jugements ou de leurs comportements, alors même que la cause de ceux-ci ne peut pas être accessible à leur conscience (Système I)[164]. Par exemple, lorsqu'on fait rire un patient en stimulant électriquement son cerveau et qu'on lui demande pourquoi il rit, celui-ci répond « parce que vous êtes trop drôle ».

Cela pourrait expliquer pourquoi nous avons tendance à croire que des justifications rationnelles doivent pouvoir rendre compte de nos différentes intuitions morales. Le succès des théories rétributives, en dépit de leur fragilité conceptuelle, pourrait ainsi provenir de l'illusion selon laquelle le sentiment qu'il est permis – voire requis – de punir les coupables doit s'appuyer sur de bonnes raisons.

Le dilemme moral du « tramway » (*the trolley problem*) constitue une bonne illustration de ce type d'illusion. Ce dilemme montre que nous avons tendance à juger deux situations ayant des *conséquences* strictement identiques de façon très différente. Dans le premier cas, un tramway s'apprête à écraser cinq personnes, à moins qu'on n'effectue un simple changement d'aiguillage redirigeant le tramway vers une sixième personne, la collision ne faisant alors qu'une seule victime. Dans cette situation, la plupart des gens s'accordent à penser que le changement d'aiguillage est moralement correct. En revanche, s'il s'agit de pousser quelqu'un sur la voie, de telle sorte que le tramway déraille ou s'arrête, et que les

[164] Voir CAMERER, Colin, LOEWENSTEIN, George, PRELEC, Drazen, *op. cit.*, p. 31.

cinq personnes soient sauvées, la plupart des gens s'opposent à une telle action. Or dans les deux cas, le résultat est le même : le tramway fera une seule victime plutôt que cinq.

Quantité d'explications philosophiques ont été proposées pour justifier le fait qu'il s'agit d'une action moralement acceptable dans le premier cas, et condamnable dans le second. Aucune, toutefois, n'est vraiment convaincante, pour la simple raison que notre jugement est émotionnel et non rationnel. Joshua Greene a ainsi montré que les aires émotionnelles des individus répondant à ce dilemme étaient beaucoup plus activées dans le second cas – lorsqu'il s'agit de pousser un individu – que dans le premier. Or le fait qu'il soit beaucoup plus saillant émotionnellement de pousser un individu plutôt que d'appuyer sur un bouton devrait être considéré comme une *donnée psychologique* intéressante, et non comme le signe du caractère moral ou immoral de l'acte en question.

Si l'on souhaite expliquer pourquoi nous jugeons ces deux cas de façon différente, il paraît ainsi particulièrement vain d'avancer, à l'aide d'une théorie morale particulière, que le second cas, à la différence du premier, est moralement interdit. Une bonne explication ne peut qu'être empirique, c'est-à-dire d'ordre psychologique. D'un point de vue évolutionniste, par exemple, on ne s'étonnera pas que nous ayons plus de réticence à faire du mal directement à quelqu'un (pousser quelqu'un à sa mort) plutôt que d'accomplir un geste technique et anodin qui ne pouvait avoir aucune conséquence létale dans l'environnement ancestral.

Cette analyse s'applique à merveille à la distinction évoquée entre la condamnation directe d'un innocent et l'adoption d'un système dont on sait qu'il conduira à condamner des innocents par erreur. Comme dans l'exemple du tramway, le résultat immédiat est exactement le même dans les deux cas, mais nous avons tendance à juger le premier plus scandaleux que le second. Mais comme dans le cas précédent, il s'agit d'une donnée psychologique particulière qu'il est parfaitement vain de vouloir rationaliser et légitimer par des distinctions philosophiques.

Jonathan Haidt a permis de mettre à nu ce type de rationalisations *ad hoc* en construisant un dilemme moral ne donnant prise à aucune justification évidente[165]. L'expérience consistait à demander à des sujets de donner leur avis sur l'histoire suivante. Un frère et une sœur adultes décident d'avoir un soir une relation sexuelle ; ils prennent toutes les précautions contraceptives adéquates, décident de ne plus jamais le refaire, et n'en garderont aucune séquelle psychologique. La réaction de la plupart des sujets à cette petite histoire fictive a été de déclarer immédiatement que cet acte n'était pas acceptable. Ils ont alors essayé de donner des arguments en faveur de leur jugement – sans succès – et ont fini par maintenir leur condamnation initiale alors même qu'il était devenu apparent qu'ils n'avaient aucun argument le justifiant.

La thèse de David Hume, on le voit, conserve toute son actualité : « Prenez une action reconnue comme vicieuse : un meurtre prémédité, par exemple. Examinez-la sous tous les aspects et voyez si vous pouvez découvrir ce point de fait, cette existence réelle que vous appelez vice. De quelque manière que vous la preniez, vous trouvez seulement certaines passions, certains motifs, certaines volitions et certaines pensées. Il n'y a pas d'autre fait dans ce cas. Le vice vous échappe entièrement

---

165 Voir HAIDT, Jonathan, « The emotional dog and its rational tail : A social intuitionist approach to moral judgment », *Psychological Review*, 108, 2001, p. 814.

tant que vous considérez l'objet. Vous ne pouvez le trouver jusqu'au moment où vous tournez votre réflexion sur votre propre cœur et découvrez un sentiment de désapprobation qui naît en vous contre cette action. Voilà un fait : mais il est objet de conscience et non de raison. Il se trouve en vous et non dans l'objet. Si bien que, lorsque vous affirmez qu'une action ou un caractère sont vicieux, vous voulez simplement dire que, sous l'effet de votre constitution naturelle, vous éprouvez, à les considérer, un sentiment de blâme »[166].

Toutefois, la thèse du caractère essentiellement émotionnel de la morale ne signifie pas que le raisonnement ne joue aucun rôle dans nos jugements moraux. Nous le savons par expérience : la réflexion peut nous amener à modifier nos jugements sur telle ou telle pratique. Mais c'est uniquement parce qu'elle nous conduit à percevoir la réalité sous un angle différent, et à faire naître des intuitions émotionnelles nouvelles.

Si, comme nous essaierons de le montrer au chapitre suivant, l'adhésion au naturalisme scientifique rend l'approche utilitariste plus séduisante, c'est parce nos *sentiments* utilitaristes tendent à prévaloir sur nos autres sentiments moraux lorsque nous portons un regard naturaliste sur la réalité.

[166] HUME, David, *op. cit.*, p. 584-585.

Chapitre 6

Le naturalisme en soutien de l'approche utilitariste

L'apport de la biologie évolutionniste, de la psychologie et des neurosciences permet de clarifier le rôle particulièrement ambigu des intuitions dans la réflexion normative. Il paraît désormais illusoire de prétendre *fonder* des normes morales ou politiques sur notre « sens moral », comme le font certains chercheurs. William Casebeer, par exemple, s'appuie sur le fait que les recherches neuroscientifiques de psychologie morale tendent à montrer que notre sens moral est proche de la philosophie morale d'Aristote, pour en conclure à la validité de la théorie normative de cet auteur[167]. De même, James Q. Wilson déclare que son travail de synthèse des travaux de psychologie morale serait la preuve que Mill et Kant avaient tort[168].

Ce type d'inférence ne peut qu'être illusoire, parce que notre psychologie morale est le produit d'un processus neutre moralement, la sélection naturelle. Toutefois, la thèse de la subjectivité des normes morales ne nous contraint pas pour autant à rester muet sur les questions normatives. Elle est au contraire, en un sens qui

---

[167] Voir CASEBEER, William D., « Moral cognition and its neural constituents », *Nature Reviews Neuroscience*, 4, 2003, p. 841-847.

[168] « Comment savons-nous que Platon, Mill ou Kant ont tort ? Parce que Platon voulait qu'on enlève les enfants à leurs parents ; parce que l'utilitarisme de Mill appliqué strictement justifierait de punir un innocent ; parce que l'engagement de Kant de dire la vérité exigerait de lui qu'il dise à un tueur fou où se cache un enfant ». WILSON, James Q., *op. cit.*, p. 137.

sera explicité, un appui décisif à une approche normative particulière, à savoir l'utilitarisme.

La « fausseté » des jugements moraux

La plupart des philosophes reconnaissent volontiers qu'il n'existe aucune propriété morale objective. On peut toutefois se demander si cet aveu ne rend pas la construction de théories de la justice parfaitement dénuée de sens.

Le « constructivisme » rawlsien est la tentative la plus reconnue d'établir une théorie normative en reconnaissant explicitement le caractère non objectif des normes morales et politiques. Dans son article de 1980, « Kantian constructivism in moral theory », Rawls reconnaît qu'il n'existe pas à proprement parler de « faits moraux »[169]. Les principes de justice qu'il dégage par le biais de la « position originelle » ne sont pas des principes appartenant à un ordre moral indépendant, qu'une certaine impartialité permettrait d'identifier. Selon Rawls, on peut cependant qualifier ces principes d'objectifs, car la procédure est conçue de manière à refléter notre raisonnement pratique. Comme le souligne Bertrand Guillarme, le constructivisme rawlsien comporte l'idée qu'un « principe peut être considéré comme objectif si des investigateurs consciencieux et intelligents ayant accès à toutes les données et argumentations nécessaires finissent par l'accepter »[170].

On peut s'interroger, cependant, sur la légitimité d'une telle redéfinition de l'objectivité, ainsi que sur la

---

[169] Voir RAWLS, John, « Kantian constructivism in moral theory : Construction and Objectivity », *Journal of Philosophy*, 77, 1980, p. 554-572.

[170] GUILLARME, Bertrand, *Rawls et l'égalité démocratique*, Paris : Presses Universitaires de France, 1999, p. 31.

conclusion selon laquelle certains principes de justice seraient objectifs. Car la *signification* même des concepts moraux semble rendre illusoire ce type d'objectivité.

Lorsque nous disons par exemple qu'il est objectivement « mal » d'envoyer un innocent en prison, nous ne disons pas qu'il s'agit d'une pratique que des investigateurs intelligents n'accepteraient pas ; nous faisons référence à une interdiction *inconditionnelle*, qui ne dépend pas de ce que telle ou telle personne pourrait en penser. On peut certes prétendre que des agents informés et rationnels désapprouveraient la condamnation d'un innocent, mais ce n'est certainement pas ce qui pourrait *faire* qu'une telle action est « injuste » – pas plus que le fait qu'un agent parfaitement informé et rationnel reconnaisse la validité du darwinisme est ce qui pourrait *faire* que cette théorie est vraie.

Par conséquent, de même que des principes moraux objectifs ne peuvent être pensés comme *contingents* – c'est-à-dire résultant d'un processus aléatoire comme la sélection naturelle – ils ne peuvent être pensés comme le résultat d'un accord procédural. Même si l'on concédait que nos croyances morales étaient issues d'une forme de « raison pratique » – et non de nos émotions – il resterait à déterminer en quoi le fait que certains principes fassent l'objet d'un consensus parmi une élite intellectuelle pourrait constituer une bonne *raison* d'agir moralement – et pour un criminel potentiel, une bonne raison de ne pas passer à l'acte.

Comme le montrent Steven Darwall, Allan Gibbard et Peter Railton, le propre des pensées d'inspiration kantienne est de s'appuyer sur le concept de « raison pratique » pour concilier l'idée qu'il n'existe pas de « fait » moral objectif avec la thèse selon laquelle les lois universelles prescrites par notre raison pratique seraient une forme de connaissance[171]. Cette tentative de conciliation est toutefois nécessairement instable, car il ne peut exister de voie médiane de ce type. Soit l'on postule qu'il existe des propriétés morales indépendantes, détectables par nos intuitions et notre capacité de raisonnement, et dans ce cas il est logique de construire des théories de la justice. Soit l'on admet que les croyances morales sont purement subjectives, et dans ce cas on voit mal pourquoi l'exercice de notre raison pourrait permettre de valider certaines croyances et d'en rejeter d'autres.

Ainsi, nos jugements bien pesés sur la justice seraient selon Rawls ceux « dans lesquels nos capacités morales ont le plus de chances de se manifester sans distorsion »[172], car ce sont ceux « qui sont exprimés dans des conditions favorables à la réflexion et au jugement en général »[173]. Mais il n'y a de sens à parler de « distorsion » que si l'on espère atteindre une vérité indépendante de notre cerveau. Car si nos jugements moraux sont purement subjectifs, ils ne sont certainement pas plus « valables » lorsqu'ils sont le fruit d'une longue réflexion que lorsqu'ils sont instinctifs et irréfléchis. Une comparaison dans un autre domaine permet de nous en persuader : si l'on admet que le sens de la beauté est purement subjectif, on ne dira pas d'un jugement esthétique – celui d'un paysage, par exemple – qu'il se manifeste sans distorsion lorsqu'il est précédé d'une intense réflexion, ni qu'il est moins valable lorsqu'il est purement instinctif.

---

[171] Voir DARWALL, Steven, GIBBARD, Allan, RAILTON, Peter, « Toward a Fin de Siècle Ethics : Some Trends », *Philosophical Review*, 101, 1992, p. 137.

[172] RAWLS, John, *Théorie de la justice*, Paris : Seuil, 1987, p. 73.

[173] *Ibid.*

Seule la « théorie de l'erreur » formulée par John Mackie semble par conséquent tirer toutes les conséquences de la thèse projectiviste humienne. Dans son ouvrage, *Ethics : inventing right and wrong*, Mackie montre en effet que la question de l'objectivité des valeurs morales ne doit pas être obscurcie par des définitions arbitraires[174]. Il est certes possible, selon lui, qu'il puisse y avoir entre les êtres humains un accord subjectif sur ce qui est bien et mal, mais un tel accord ne produirait que des valeurs intersubjectives, et des valeurs intersubjectives ne sauraient être dites objectives.

Contre l'idée selon laquelle les jugements moraux appartiendraient à un domaine de connaissance spécifique, possédant ses règles propres, Mackie montre qu'ils sont en réalité simplement *descriptifs*. Lorsque nous disons qu'une chose est juste, nous attribuons à celle-ci une *propriété* métaphysique et nous pensons ainsi *décrire* une des propriétés objectives de cette chose, une propriété qui continuerait à être attachée à cette chose même si personne n'était là pour le constater. Mais si ces propriétés ne sont que *projetées* par notre cerveau, elles ne peuvent pas décrire adéquatement la chose en question.

La thèse projectiviste implique par conséquent que *tous les jugements moraux sont faux*, dans la mesure où ceux-ci consistent en l'affirmation que le monde contient *réellement* des propriétés morales. En ce sens, il est donc faux – et non pas « ni vrai, ni faux » – de dire que condamner un innocent est « injuste ». On peut certainement dire que l'on y est fermement opposé, ou que l'on est scandalisé par une telle pratique, mais on ne peut dire – sauf à commettre une *erreur de fait* – qu'elle

[174] Voir MACKIE, John, *Ethics : inventing right and wrong*, New York : Penguin, 1977.

est en soi injuste, ou que nous aurions l'obligation morale de ne pas la faire[175].

Il est donc nécessaire, selon Mackie, d'éviter d'utiliser le vocabulaire du juste et de l'injuste, du bien et du mal, parce qu'il est porteur d'une ambiguïté néfaste. Dire d'une action qu'elle est « injuste » n'a pas la même portée ni le même sens que la déclaration de notre opposition à celle-ci. Le caractère descriptif du terme révèle en réalité notre forte tendance à penser qu'il ne s'agit pas seulement d'un jugement subjectif, mais bien d'une vérité que chacun admettrait s'il voyait les choses clairement et sans distorsion.

L'attrait psychologique de l'utilitarisme

La thèse de Mackie, cependant, ne remet-elle pas en cause *également* l'approche utilitariste ? Si rien ne peut être dit juste ou injuste, qu'en est-il des recommandations normatives de l'utilitarisme pénal ? Impossible, en effet, de prétendre que la théorie utilitariste est plus « vraie » qu'une autre théorie, ou bien qu'elle serait plus valable que les autres parce qu'une réflexion dénuée de distorsion conduirait à l'adopter.

En réalité, le seul argument en faveur de l'approche utilitariste compatible avec le scepticisme moral est que ses recommandations sont *psychologiquement* plus attrayantes lorsque nous regardons le monde du point de

---

[175] L'originalité de la thèse de Mackie est donc de concilier le cognitivisme – généralement défendu par les partisans du réalisme moral – avec le scepticisme. Comme le montre Joyce, en effet, les thèses non-cognitivistes, comme l'expressivisme, ne sont guères plausibles. Selon l'expressivisme, la phrase « X est bon » voudrait dire la même chose que « X : Hourrah ! » ou « Fais X ! ». Mais si c'était le cas, nous nous contenterions d'exprimer nos jugements moraux de cette manière et n'utiliserions pas, pour exprimer des émotions, le vocabulaire employé pour rapporter des faits. Voir JOYCE, Richard, *op. cit.*, p. 9-15.

vue naturaliste et que le caractère subjectif des normes morales est admis et intériorisé[176]. Lorsque nous regardons l'homme pour ce qu'il est – un primate au cerveau particulièrement développé – et les croyances morales pour ce qu'elles sont – des émotions sélectionnées par l'évolution pour notre survie – nous avons naturellement tendance à souhaiter que les politiques publiques s'attachent essentiellement à maximiser le bien-être de la collectivité.

Bien entendu, ni le fait que la perspective naturaliste soit la plus rationnelle, ni le fait que l'utilitarisme semble en découler naturellement, ne signifient que l'approche utilitariste soit plus vraie ou plus valable que d'autres. Bentham lui-même semble l'avoir parfaitement compris : « 'On ne doit faire aucune loi qui fasse globalement diminuer la masse de félicité générale.' Quand je dis cela, que je sois législateur ou citoyen privé, quel est le simple état de fait que j'exprime ? Je ne fais que dire qu'une telle loi éveille en moi un sentiment d'insatisfaction »[177]. Cela n'empêche pas ceux qui ressentent une telle insatisfaction face aux politiques non-utilitaristes de souhaiter que le plus grand nombre d'individus la partagent, et d'exposer les raisons pour lesquelles l'utilitarisme est psychologiquement attrayant.

En premier lieu, l'utilitarisme, à la différence des théories déontologiques, est compatible avec la profonde *contingence* des « biens » propre à l'optique naturaliste. La raison pour laquelle on peut sans difficulté réduire tous

---

[176] Cette thèse a été remarquablement formulée et argumentée par Joshua Greene, dans sa thèse de doctorat de philosophie pour l'université de Princeton. Voir GREENE, Joshua D., *The Terrible, Horrible, No Good, Very Bad Truth About Morality and What to Do About It*, Ph.D. Thesis, Princeton University, 2002.

[177] BENTHAM, Jeremy, *Anarchical Fallacies*, *Works,* ed. Bowring, vol. II, p. 494, cité par LEROY, Marie-Laure, *op. cit.,* p. 361.

les différents *biens*, c'est-à-dire tout ce qui a de la valeur aux yeux des hommes, au simple bien-être, est qu'il paraît absurde de valoriser quelque chose qui nous rendrait malheureux – à moins, bien sûr, de croire que cette chose a une valeur *intrinsèque*, ce qui est justement nié par la perspective naturaliste.

Si l'on considère par exemple que l'autonomie individuelle est un « bien » indépendamment du fait qu'elle contribue à notre épanouissement personnel ou à notre bien-être, il faut être prêt à admettre qu'elle continuerait à être un bien, si la sélection naturelle avait fait de nous des êtres grégaires incapables de supporter l'autonomie. C'est parce qu'on ne peut pas avancer, dans l'optique naturaliste, des arguments portant sur la valeur intrinsèque de certains biens, comme la liberté individuelle, qu'il paraît plus convaincant de dire que celle-ci est un bien *uniquement* parce qu'elle contribue au bien-être individuel.

C'est pourquoi Rawls nous semble avoir tort de critiquer le critère utilitariste du bien-être au motif que « le bien de l'homme est hétérogène parce que les buts du moi sont hétérogènes »[178]. Les *buts* conscients de l'homme sont *certainement* hétérogènes – faire carrière, avoir des enfants, etc. – mais ce qui fait que nos choix de vie s'avèrent être un bien pour nous-même dépend assurément de leur propension à nous rendre heureux.

Le problème de la thèse rawlsienne est qu'elle ne différencie pas conceptuellement le fait de se donner *consciemment* des fins, et le fait d'*évaluer* celles-ci. Rawls n'a certainement pas tort de dire que préférer « par-dessus tout une certaine propriété du sentiment ou de la sensation est sûrement aussi déséquilibré et inhumain que le désir excessif de maximiser son pouvoir sur les autres

---

[178] RAWLS, John, *Théorie de la justice*, 1971, Paris : Seuil, 1987, p. 596.

ou sa richesse matérielle »[179]. L'homme est effectivement incapable de ne chercher *consciemment* que son bien-être en toutes circonstances, et s'il l'était, il ne réussirait probablement qu'à se rendre malheureux – et insupportable. Mais cela n'implique en rien qu'il soit possible, dans une optique naturaliste, de prétendre pouvoir donner un autre sens au concept de « bien » que « ce qui contribue au bien-être ».

Par ailleurs, Rawls affaiblit sa thèse lorsqu'il prétend que c'est la « personnalité morale » et non la capacité pour le plaisir et la souffrance qui est l'aspect fondamental du moi. Car, dans l'optique qui est la nôtre, la « personnalité morale » n'est certainement pas une propriété intrinsèque du moi, simplement une propriété *projetée* par notre cerveau sur autrui et sur nous-mêmes. L'importance politique du bien-être et de la souffrance n'en prend que plus de relief.

La contingence des *principes*, par ailleurs, rend les thèses déontologiques nécessairement inadéquates. Il paraît par exemple peu judicieux de considérer que certains droits ont une valeur intrinsèque, et que leur violation ne pourrait se justifier que par le caractère *exceptionnel* de la situation – état de siège, guerre, etc. Il paraît plus conforme à l'esprit naturaliste de dire que certains droits et certaines libertés sont favorables au bien commun dans l'état de paix, et que leur valeur vient par conséquent du fait que l'état de paix est aujourd'hui statistiquement beaucoup plus probable que l'état de guerre. Car si l'évolution avait fait de nous des êtres inlassablement belliqueux, nous n'aurions même pas pu concevoir l'idée que les libertés individuelles dont nous jouissons aujourd'hui sont politiquement désirables.

[179] *Ibid.*, p. 598-99.

Beccaria avait, à sa façon, argumenté en ce sens : « La justice divine et la justice naturelle sont par essence immuables et constantes, puisque le rapport entre deux objets semblables est toujours le même, mais la justice humaine ou politique n'étant qu'un rapport entre l'action et l'état variable de la société peut varier elle-même dans la mesure où cette action devient nécessaire ou utile à la société, et on ne peut s'en faire une idée claire que par l'analyse des rapports infiniment compliqués et changeants des combinaisons sociales »[180]. Puisqu'il n'existe pas de justice naturelle immuable, le langage de la politique ne peut être que celui du compromis et de la contingence ; autrement dit, il ne peut pas être déontologique[181].

Le langage déontologique est spontanément attrayant car il capture l'état d'esprit des individus convaincus du caractère absolu et non négociable des idées qu'ils défendent, mais il est illusoire parce que ces idées ne sont que des préférences subjectives. C'est pourquoi il semble peu judicieux de reprocher à l'approche conséquentialiste le fait qu'elle ne puisse pas garantir les droits et les libertés individuelles de manière absolue : c'est justement parce qu'il n'existe aucune norme absolue que le conséquentialisme est plus convaincant que les théories déontologiques.

---

[180] BECCARIA, Cesare, *op. cit.*, p. 5.

[181] Bentham a lui-même combattu avec ironie le langage des « droits naturels » : « Il y a une raison de souhaiter qu'il existe quelque chose de semblable à des droits ; celle-ci est proportionnelle au manque de bonheur résultant du manque de droits. Mais les raisons de souhaiter qu'il existe quelque chose de semblable à des droits, ne sont pas des droits ; une raison de souhaiter qu'un certain droit soit établi, n'est pas ce droit lui-même : le besoin n'est pas l'approvisionnement, la faim n'est pas le pain ». BENTHAM, Jeremy, *Anarchical Fallacies*, *Works,* ed. Bowring, vol. II, p. 501, cité par LEROY, Marie-Laure, *op. cit.*, p. 384.

En second lieu, l'attrait de l'approche utilitariste vient de ce qu'elle est compatible avec l'effort pour éviter d'attribuer à la réalité matérielle des propriétés morales. Le propre des théories morales ou politiques non-utilitaristes, en effet, est qu'elles s'appuient sur une réalité *déformée* par la projection de notre propre sensibilité.

Ainsi, lorsque nous disons qu'un assassin d'enfant mérite de subir la prison, nous projetons la propriété du « mérite » sur la réalité et nous évaluons celle-ci à partir de cette projection. Tandis que lorsque nous regardons le réel de façon objective, nous nous trouvons face à une situation dans laquelle un homme a tué un enfant, et nous nous interrogeons sur la suite à donner à cet évènement à partir de cette simple réalité, dénuée de propriétés métaphysiques[182]. Si nous souhaitons alors condamner l'individu, dans le but de l'empêcher de recommencer et de dissuader d'autres crimes de ce type, c'est par sympathie – ou compassion – pour les victimes potentielles futures. Cette sympathie est certes projetée, mais elle est projetée sur une vision objective de la réalité, et non sur une vision *déjà* déformée.

Le même regard objectif explique pourquoi il n'existe pas de différence – autre que conséquentialiste – entre le fait de condamner un innocent par erreur et le fait d'en condamner un en sachant qu'il est innocent, comme dans l'exemple de l'émeute. Car si nous pouvons difficilement nous empêcher de « sentir » que ces deux cas sont

---

[182] Plus le scepticisme moral sera intériorisé, plus nous aurons tendance à porter un regard objectif sur la réalité : « En étudiant la nature – en observant les origines de la pulsion de châtiment –, nous voyons comment, à notre insu, nous avons été dupés jusqu'à commettre cette erreur ; nous découvrons que l'aura de divine vérité qui entoure le châtiment n'est rien d'autre qu'un outil grâce auquel la nature – la sélection naturelle – nous fait accepter les yeux fermés ses 'valeurs'. Une fois que nous avons admis cette révélation, nous sommes moins disposés à obéir à cette aura, et donc moins enclins à commettre l'erreur ». WRIGHT, Robert, *op. cit.*, p. 327.

différents, un simple effort pour se détacher de nos intuitions projectives suffit à voir que dans les deux cas, la réalité – matérielle – est la même : un individu souffrira intensément d'être condamné parce qu'il se sait innocent. La compassion que nous ressentons sera par conséquent exactement la même dans les deux cas.

Non seulement nous tendons à regarder les choses objectivement lorsque nous admettons que nous ne faisons que projeter notre propre subjectivité sur le monde, mais il devient alors psychologiquement plus difficile de s'opposer à des mesures qui semblent favorables au plus grand bien-être collectif[183].

Prenons l'exemple de la peine de mort, à laquelle certains sont opposés *par principe*, et non du fait de son inefficacité potentielle. Imaginons – il s'agit bien entendu d'une simple expérience de pensée – qu'il soit établi avec certitude qu'elle soit en réalité extrêmement dissuasive, et que chaque exécution dissuade huit meurtres. Si l'on regarde la situation objectivement, on ressentira de la compassion pour le condamné et pour sa famille, mais également pour les huit individus assassinés et leur famille.

Dans cette hypothèse, il est difficile de continuer à s'opposer à la peine de mort lorsqu'on a admis que cette

---

[183] Simon Blackburn argumente en ce sens. Selon lui, il n'y a pas de lien *nécessaire* entre la thèse projectiviste et l'attrait du conséquentialisme, dans la mesure où nous pourrions continuer à ressentir certaines actions comme intolérables, quelles que soient leurs conséquences – de même que ceux qui admettent que ce pour quoi nous rions n'a rien d'objectivement drôle ne cessent pas de rire pour autant. Cependant, s'il n'y a pas de lien *logique* entre projectivisme et conséquentialisme, il y a selon lui un lien *psychologique* apparent : « It will be unclear how wholeheartedly a moralist who understands this second-order theory can endorse deontological views that stand in the way of all human purpose of fulfillment ». BLACKBURN, Simon, « Error and the Phenomenology of Value », in S. Blackburn, *Essays in Quasi-Realism*, New York : Oxford University Press, 1993, p. 164.

peine n'est pas intrinsèquement injuste, car cela revient à faire plus grand cas de ses propres caprices et de ses propres aversions que du bien-être d'autrui – ce qui n'est pas « mal », mais psychologiquement dérangeant.

La caractéristique des convictions utilitaristes est qu'elles sont l'expression de notre capacité à ressentir les émotions d'autrui – la sympathie. Or le propre de nos préférences fondées sur la sympathie est qu'elles sont relativement indifférentes au statut de nos convictions morales. Par exemple, si la raison pour laquelle nous désirons que l'institution pénale lutte efficacement contre les viols est notre sympathie pour la souffrance des victimes potentielles, alors il nous est largement indifférent que ce désir soit subjectif.

A contrario, notre préférence potentielle pour punir les coupables par principe tend à être considérablement atténuée par la prise de conscience que le « mérite » est une notion dénuée de sens. De même, l'attachement inconditionnel d'un individu au principe de proportionnalité sera sans doute remis en cause par la connaissance du caractère subjectif et sans fondement de ce principe.

Les expériences neuropsychologiques de Joshua Greene éclairent bien ce raisonnement[184]. Ce dernier a observé par imagerie magnétique le cerveau d'individus émettant un avis sur le « dilemme moral » suivant : vous êtes, avec une dizaine de personnes, dans une maison en temps de guerre, et l'ennemi patrouille à l'extérieur. Votre bébé, que vous tenez dans vos bras, s'apprête à crier. Si vous l'en empêchez, il mourra asphyxié, mais si vous le laissez faire, l'ennemi tuera tous les résidents de la

---

[184] Voir GREENE, Joshua D., « Cognitive neuroscience and the structure of the moral mind », in S. Laurence, P. Carruthers, et S. Stich. (ed.), *Innateness and the Structure of the Mind*, vol. I, Oxford University Press (à paraître).

maison. La question posée est la suivante : est-il acceptable de tuer le bébé ?

Chez tous les participants de l'expérience, le dilemme déclenchait immédiatement une réponse *émotionnelle* négative très forte – les aires émotionnelles du cerveau étaient activées. Mais plusieurs différences remarquables ont distingué ceux qui ont répondu « non » de ceux qui ont répondu « oui ». Tout d'abord, les premiers ont mis en moyenne moins de temps pour répondre que les seconds. Ensuite, les aires *cognitives* des cerveaux des « oui » ont été fortement activées, contrairement à ceux des « non ».

On peut par conséquent interpréter cette expérience de la manière suivante : ceux qui ont répondu « non » ont suivi aveuglément leur émotion première (« ne tue pas ton propre enfant »), et n'ont pas pu s'abstraire de leur vision moralement déformée de la réalité, dans laquelle tuer son enfant a la propriété d'être intrinsèquement mal, quelles qu'en soient les conséquences. Les autres se sont détachés de leurs intuitions premières pour examiner objectivement et rationnellement la situation – quoi qu'il arrive, le bébé mourra – et préférer le moindre mal.

L'utilitarisme présenté ici est donc très éloigné, dans ses fondements, des théories utilitaristes fondées sur une forme d'intuitionnisme, comme l'est par exemple la théorie de Sidgwick. Il est également éloigné de la présentation qui en est généralement faite par la philosophie analytique. Par exemple, Kymlicka prétend que l'objectif premier de l'utilitarisme est de maximiser le bien-être total, et qu'il ne traite les individus à égalité que dans le but de maximiser cette valeur totale. De même, une des objections principales de Rawls à l'encontre de l'utilitarisme est que cette approche ne reconnaîtrait pas le caractère « séparé » des individus, puisque son seul objectif serait de maximiser un bien-être total, indépendamment de sa distribution parmi les individus. Cette interprétation de l'utilitarisme est tellement répandue que Derek Parfit a objecté à l'utilitarisme qu'il pourrait recommander le doublement de la population de la planète, même si cela supposait une réduction d'un peu moins de la moitié du bien-être de chaque individu, dans la mesure où cela augmenterait la somme totale de bien-être existant[185].

Ces raisonnements paraissent dénués de sens, car ils reposent sur l'idée que l'utilitarisme est une « théorie » énonçant que la justice *requiert* de maximiser le bonheur collectif. Or, dans la perspective qui est la nôtre, il ne s'agit pas de déterminer ce qui nous paraît juste ou injuste, mais de clarifier ce que nous *voulons* vraiment pour nos concitoyens et pour nous-mêmes. Le bien-être n'est donc pas un bien objectivement *destiné* à être maximisé, mais uniquement ce que nous sommes amenés à *souhaiter* maximiser par sympathie pour les individus réels qui nous entourent. Par conséquent, c'est la sympathie pour chaque individu pris séparément[186] qui est première ; la volonté de maximiser le bien-être total n'en est que la conséquence.

Lorsqu'un utilitariste considère qu'une peine conduisant à incarcérer 10 personnes pendant quatre ans est préférable à une peine conduisant à incarcérer 250 personnes pendant un an, ce n'est pas le fruit d'un

---

[185] Voir AUDARD, Catherine, *op. cit.*, vol. 3, *Thèmes et débats de l'utilitarisme contemporain*, p. 316-340.

[186] Ross Harrison montre que le propre de l'utilitarisme classique est justement de ne reconnaître aucune entité digne d'attention politique en dehors des individus. Il en conclut à juste titre que ce qui fait la différence entre les théories utilitaristes et déontologiques n'est pas le caractère séparé des individus, mais la manière dont ils sont traités. Voir HARRISON, Ross, « Rosen's sacrifice of utility », *Utilitas*, 10, 1998, p. 159-164.

« calcul froid des profits et des pertes »[187] guidé par l'objectif dogmatique d'augmenter le total de bien-être présent sur Terre. C'est au contraire parce qu'il se met à la place de chacun des individus concernés et qu'il en vient à préférer le moindre mal pour autrui, c'est-à-dire le moindre degré de souffrance. Le fait que cela revienne à calculer une « somme » de bien-être a pu faire penser que l'utilitarisme était une doctrine insensible et inhumaine. Mais en réalité, cet aspect calculateur n'est que le fruit d'une sympathie impartiale et dénuée de toute autre considération que la souffrance d'autrui.

Tout le monde est favorable, toutes choses égales par ailleurs, à ce que la politique favorise le bonheur commun ; si l'on admet de surcroît qu'il n'existe aucun « droit » objectif qui s'y oppose, ni aucun « bien » supérieur à favoriser, on tendra naturellement à évaluer les politiques publiques en termes utilitaristes.

Robert Wright a bien exprimé cette idée : « Vous pouvez croire en une infinie quantité de droits imprescriptibles (la liberté, par exemple) ou de devoirs (ne jamais tricher). Vous pouvez considérer qu'il s'agit de décrets divins ou d'intuitions infaillibles. Vous pouvez croire qu'ils l'emportent toujours – « en tant qu'atout » –, comme disent certains philosophes – sur les arguments utilitaristes. Mais vous ne croyez pas que les arguments utilitaristes sont hors sujet ; vous admettez implicitement que, si vous n'avez pas d'atout maître, ils gagneront »[188].

---

[187] Voir l'analyse de la pénologie benthamienne de Frédéric Gros : « La persuasion douce quant à elle est préférée à la contrainte physique, non pas au nom d'un humanisme convaincu, mais au nom d'un calcul froid des profits et des pertes ». GROS, Frédéric, « Les quatre foyers de sens de la peine », *op. cit.*, p. 87.

[188] WRIGHT, Robert, *op. cit.*, p. 321.

L'adaptation de l'utilitarisme aux exigences du débat public

La force de l'approche utilitariste ne vient pas seulement de son attrait psychologique ; il semble également que le débat public et l'évaluation des politiques publiques *requièrent* une argumentation de type utilitariste. Une argumentation publique de qualité semble tout d'abord dépendre d'une appréciation aussi précise et objective que possible de la réalité, de manière à ce que la discussion porte sur des faits admis par tous. Or, comme nous l'avons vu, le propre des arguments non-utilitaristes est de s'appuyer sur une réalité *déjà* interprétée et conceptualisée.

S'il s'agit, par exemple, de discuter une mesure d'interdiction de fumer dans les cafés et restaurants, la discussion aura ainsi tendance à être pensée comme une opposition entre libertés individuelles et santé publique. Le problème d'une telle conceptualisation est que ces deux termes sont *affectivement* très connotés, et que le débat tendra inévitablement à être un dialogue de sourds entre les partisans *a priori* des libertés et ceux qui défendent *a priori* la santé. Il semble au contraire que le débat gagne en intérêt lorsque l'on discute des nuisances réelles de l'interdiction – déception des fumeurs, effets négatifs pour la vie en commun d'une substitution de rapports juridiques aux rapports de civilité, etc. – et que l'on compare celles-ci à ses avantages, à savoir la satisfaction des non fumeurs et surtout la diminution du nombre des cancers et des souffrances dont ils sont la cause, etc. Lorsqu'on essaie d'évaluer l'ensemble de ces éléments, on débat de la même chose, et non de préférences *intériorisées* pour des valeurs aussi imprécises que la liberté ou la santé.

Il en va de même pour les débats de procédure pénale sur les mesures de sécurité prises aux Etats-Unis après le 11 septembre 2001. Tant que l'on s'en tient à une opposition entre liberté et sécurité, le débat reste vain entre les libéraux valorisant *a priori* la liberté et les conservateurs défendant *a priori* la sécurité. En revanche, si nous portons notre attention sur les effets en termes de *bien-être individuel* des mesures de limitation de liberté, et qu'on les compare aux effets potentiels d'une attaque terroriste – pondérés par la probabilité qu'elle ait lieu –, la réflexion et le débat commun deviennent bénéfiques.

Ainsi, Richard Posner juge à juste titre « futile » la tendance des « libertariens » à brandir les libertés civiles comme des valeurs abstraites. Leur discours serait plus convaincant, selon Posner, s'ils formulaient leur défense des libertés en termes d'avantages et d'inconvénients réels. La réduction des libertés risque par exemple d'entraîner une stigmatisation des minorités qui seront la cible privilégiée des mesures policières draconiennes ; elle risque également d'entraîner des pratiques policières inefficaces car potentiellement motivées par des considérations de politique intérieure sans lien avec la sécurité nationale, etc.[189].

En outre, s'il n'existe pas de « faits moraux » susceptibles de départager les partisans et opposants d'une mesure particulière, les seuls arguments acceptables dans la discussion publique semblent être les arguments utilitaristes. Car ceux-ci sont systématiquement formulés en terme de propositions empiriques *falsifiables*, du type « infliger des peines disproportionnées est susceptible d'affaiblir la crédibilité de l'institution pénale ». Le

---

[189] Voir POSNER, Richard, *Law, pragmatism and democracy*, Cambridge, Mass. : Harvard University Press, 2003, chap. 8.

présupposé normatif de cette proposition est certes qu'il est préférable d'avoir une institution pénale crédible plutôt que méprisée, mais ce présupposé n'a pas besoin d'être précisé parce qu'il est partagé par tout le monde.

Par contraste, une défense non utilitariste du principe de proportionnalité devra nécessairement s'appuyer sur des jugements du type « l'individu possède *un droit fondamental* à ne pas subir une peine disproportionnée », ou « il *mérite* une peine supérieure », jugements qui n'ont aucun sens, sinon un sens littéral et descriptif pour lequel il peuvent être qualifiés *d'erronés.*

Par conséquent, même si nous ne pouvons nous empêcher de penser que certaines pratiques sont intrinsèquement injustes, nous ne possédons alors rien de plus que des *préférences*, lesquelles ne sauraient être discutées publiquement. On peut tout à fait trouver trop dérangeant de permettre la condamnation d'un innocent, même si cela pouvait, lors de circonstances exceptionnelles, sauver des milliers de vies ; et on peut parfaitement juger que les peines recommandées par l'utilitarisme sont potentiellement insuffisantes ou excessives. Mais dans ce cas, on ne dispose que d'une préférence, et non d'un quelconque argument : que cela soit contraire à la conscience morale d'un individu particulier ne saurait intéresser qui que ce soit.

C'est pourquoi Bentham opposait le principe d'utilité au principe subjectif de « sympathie » ou « d'antipathie » : « J'appelle principe de sympathie et d'antipathie le principe qui approuve ou désapprouve certaines actions, non à cause de leur tendance à diminuer le bonheur de la personne dont on considère l'intérêt, mais simplement parce qu'on se trouve disposé à les approuver ou à les désapprouver. Ce principe tient cette approbation ou cette désapprobation pour une raison suffisante en elle-même et nie qu'il soit nécessaire de chercher des raisons extrinsèques. Voilà ce qu'il en est dans le domaine général de la morale ; pour ce qui concerne le domaine particulier de la politique, c'est par le degré de la désapprobation qu'on mesure le *quantum* de la punition — et qu'on en détermine également la raison »[190].

On perçoit ainsi l'asymétrie essentielle entre les arguments utilitaristes et non utilitaristes dans le débat public. Les premiers restent recevables même si les jugements moraux sont radicalement subjectifs, dans la mesure où ils ne font que *dévoiler* les conséquences objectives d'une mesure, tandis que les seconds ne peuvent pas être avancés sans utiliser un vocabulaire dénué de sens.

En outre, celui qui prétend que le fait de punir un innocent est intrinsèquement injuste n'est probablement pas prêt à admettre que ce qu'il veut vraiment dire, c'est qu'il possède une préférence personnelle et subjective en faveur de la protection pénale des innocents. Au contraire, celui qui avance – entre autres arguments – qu'un innocent souffre davantage d'être condamné qu'un coupable, n'est nullement contraint de reformuler sa proposition pour que celle-ci ait un sens. Et il est sans doute davantage disposé à reconnaître que sa préférence pour le bien-être d'autrui est subjective, sans que cela n'affecte sa détermination à combattre la souffrance humaine.

Par conséquent, la valeur de l'approche utilitariste vient à la fois de ce qu'elle est psychologiquement plus attrayante pour tout naturaliste, et de ce qu'elle s'appuie sur des analyses empiriques et falsifiables que l'on peut

---

190 BENTHAM, Jeremy, *Introduction to the principles of morals and legislation*, *op. cit.*, p. 11 (traduction M.-L. Leroy).

discuter – par contraste avec les principes moraux qui ne sauraient être plus débattus que les goûts et les couleurs.

On comprend mieux, à présent, pourquoi l'objection selon laquelle l'utilitarisme aurait « la bonne réponse pour de mauvaises raisons » est sans valeur. Tout simplement parce qu'il n'existe pas de « bonne réponse », dans la mesure où chaque jugement moral ou politique est radicalement subjectif, et parce que l'examen attentif des *effets* réels d'une mesure est incontestablement un raisonnement plus attrayant qu'une théorie fondée sur des « intuitions morales » qui sont en réalité de simples préférences individuelles.

Troisième partie

L'utilitarisme pénal à l'épreuve des réalités empiriques

Jusqu'à présent, nous nous sommes contentés d'évaluer l'ensemble des implications potentielles de l'utilitarisme pénal, en nous appuyant sur un nombre aussi restreint que possible de présupposés empiriques. Aucune recommandation utilitariste concrète n'a ainsi été formulée, parce que l'utilitarisme reste muet s'il ne dispose pas de données empiriques fiables.

Le fait que l'utilitarisme soit de la sorte « à la merci des faits » a parfois été considéré comme une faiblesse ; mais la prétention de bâtir une théorie normative sans prendre les faits en considération est plutôt symptomatique du caractère *déconnecté de la réalité* de ce type de théories. Une telle déconnexion serait compréhensible s'il existait des principes moraux immuables et objectifs, mais puisqu'on ne peut qu'être sceptique quant à l'existence de tels principes, on voit mal quel intérêt pourraient revêtir des recommandations politiques privées d'ancrage empirique précis.

C'est pourquoi l'objet de cette partie est de déterminer empiriquement l'utilité de la sanction pénale, ce qui permettra d'évaluer avec une relative précision certaines pratiques existantes.

Chapitre 7

La question de l'indétermination de l'utilitarisme et de la fiabilité des sciences sociales

L'approche utilitariste n'a pas seulement été critiquée sur le fond ; elle a également été accusée d'être inapplicable. De fait, la spécificité de l'utilitarisme est que ses recommandations concrètes sont totalement dépendantes des données empiriques disponibles. Plutôt que de dégager des grands principes *ad hoc*, l'utilitarisme requiert d'évaluer l'impact sur le bonheur commun de chaque mesure particulière. Tout argument utilitariste doit être précis, quantifié et soutenu par des études fiables.

Il n'est donc pas surprenant qu'une telle méthode paraisse difficilement applicable à ces « cercles de Paris », stigmatisés par Bentham, « où l'on faisait les lois si facilement, où l'on ne se fatiguait point l'esprit par l'exactitude et la précision des idées, où tout était décidé quand on avait renfermé quelque notion prétendue philosophique dans une phrase importante et sonore »[191].

L'indétermination relative de l'approche utilitariste

Lorsqu'il s'agit de formuler des recommandations politiques précises, l'approche utilitariste se heurte à l'objection selon laquelle elle serait impossible à mettre

[191] BENTHAM, Jeremy, « Sophismes anarchiques », in *Tactique des assemblées législatives suivie d'un traité des sophismes politiques*, Paris : Bossange, 1822, p. 306.

en pratique. En premier lieu, en effet, il paraît extrêmement difficile de mesurer le bien-être d'un individu et d'additionner le bien-être d'individus différents. Par exemple, lorsqu'il s'agit de déterminer le montant des peines de prison, on tient généralement pour acquis qu'une peine de quatre ans de prison produit plus de souffrances qu'une peine d'un an. Or il est tout à fait possible d'imaginer qu'un séjour d'un an derrière les barreaux produit plus de souffrances chez certains individus qu'un emprisonnement pendant quatre ans chez d'autres individus. La difficulté d'établir ce type de « comparaisons interindividuelles d'utilité » constitue ainsi l'une des objections classiques à la possibilité de mettre en œuvre l'utilitarisme.

Cette objection est cependant loin d'être décisive, car lorsqu'il s'agit de politiques publiques, on peut postuler sans difficulté que les individus sont psychologiquement similaires, puisque des milliers de personnes sont concernées et que les spécificités psychologiques de chacun tendent à s'annuler dans une moyenne homogène[192]. De manière plus générale, il est incontestable qu'il est difficile de mesurer et d'additionner le bien-être individuel, mais cette difficulté peut aisément être contournée en utilisant des « variables par substitution » (*proxy variables)* comme la durée de la peine ou le nombre de délits commis, dont on sait qu'elles produisent de la souffrance[193].

L'idée de calculer une somme de bien-être par l'agrégation de celui de chaque individu doit par conséquent être considérée comme une représentation imagée de l'approche utilitariste, et non comme un moyen d'action réaliste. Comme le recommandait John Stuart

[192] VERGARA, Francisco, *Les fondements philosophiques du libéralisme : libéralisme et éthique*, Paris : La Découverte, 2002, p. 108.
[193] *Ibid.*, p. 110.

Mill, l'utilitarisme doit être appliqué de façon indirecte, parce que « l'utilité et le bonheur sont des fins beaucoup trop complexes et mal définies pour être recherchées autrement qu'à travers une série de fins secondaires »[194].

Ces principes secondaires semblent beaucoup plus pertinents politiquement qu'un « calcul des plaisirs et des peines » que Bentham lui-même a eu la sagesse de ne jamais entreprendre. Il n'a en effet jamais pensé qu'il était possible d'additionner avec rigueur les différents plaisirs individuels. Après avoir décrit ce que serait un calcul idéal, il ajoute : « Il ne faut pas s'attendre à ce que ce procédé soit employé en toute rigueur avant tout jugement moral ni avant chaque opération législative ou judiciaire. On peut cependant toujours le garder à l'esprit : plus le procédé effectivement employé en ces occasions s'en approchera, plus il s'approchera de l'exactitude »[195].

L'approche utilitariste requiert simplement que l'on puisse montrer que les principes secondaires défendus sont susceptibles de promouvoir le bonheur, et que l'on s'appuie sur le seul critère du plus grand bonheur pour résoudre les conflits potentiels entre ces principes.

Une seconde critique formelle adressée à l'approche utilitariste est qu'elle serait à la fois incertaine et trop complexe.

Incertaine, tout d'abord, parce que toute recommandation ancrée dans les faits doit pouvoir s'appuyer sur des statistiques fiables, ce qui est parfois difficile. En France, il a par exemple fallu attendre le 4 novembre 2003 pour qu'un Observatoire national de la délinquance soit créé, dont la mission principale est de

---

[194] MILL, John Stuart, *Essai sur Bentham*, Paris : Presses universitaires de France, 1998, p. 234.

[195] BENTHAM, Jeremy, *Introduction to the principles of morals and legislation*, *op. cit.*, p. 40 (traduction M.-L. Leroy).

collecter et de mobiliser l'ensemble des informations existantes de manière à parvenir à une connaissance plus fine de la délinquance. Jusqu'à sa création, il n'existait ainsi aucun moyen de mettre en relation les statistiques produites par la police et celles de la justice, ce qui signifie qu'il était impossible de recouper statistiquement les réponses judiciaires des tribunaux et les faits constatés par les forces de l'ordre[196].

En l'absence de ce type de statistique, il est ainsi difficile de mesurer avec précision l'effet dissuasif de la peine, et donc de mener une politique pénale utilitariste efficace. Mais il s'agit là davantage d'un argument en faveur d'une amélioration de l'information plutôt que d'une limite de l'utilitarisme.

L'approche utilitariste est également taxée de trop complexe parce que, comme le rappelle Francisco Vergara, chaque mesure politique produit une infinité de conséquences, ce qui fait que « le débat entre ceux qui énumèrent les répercussions bénéfiques d'une loi et ceux qui rappellent ses effets nocifs devient vite inextricable »[197]. Le risque est alors de favoriser le découragement et l'attentisme aux dépens du volontarisme.

Pour Daniel Dennett, les droits naturels sont peut-être des « non-sens sur des échasses », comme le pensait Bentham, mais ce sont des non-sens bénéfiques parce qu'ils ont le pouvoir de s'élever au-dessus de la réflexion, en tant que principes premiers et contraignants, et de

---

[196] Il a fallu également attendre l'année 2000 en France pour que soit enfin menée une grande enquête de « victimisation ». Ce type d'enquête consiste à interroger les individus sur les infractions dont ils ont été victimes, de manière à mieux connaître la criminalité réelle, puisque les statistiques recensées par la police ne reflètent que les crimes et délits pour lesquels une plainte a été déposée.

[197] VERGARA, Francisco, *op. cit.*, p. 112.

mettre un terme à des débats interminables[198]. Le fait même d'avoir des règles de ce type serait plus utile que de ne pas en avoir du tout, même si la valeur intrinsèque de ces règles est pour le moins sujette à caution.

Ce raisonnement, cependant, n'est pas une objection de fond à l'utilitarisme puisque sa structure est explicitement conséquentialiste. Mais surtout, il néglige le fait que, dans le domaine pénal, invoquer des droits naturels dénués de sens peut aboutir à infliger des souffrances parfaitement inutiles. Les données empiriques dans ce domaine sont d'ailleurs suffisamment convergentes pour pouvoir produire un relatif consensus autour des objectifs pénaux les plus efficaces.

En outre, s'il est indéniable que l'utilitarisme est difficile à appliquer avec précision, cela ne saurait constituer un argument pour adopter une autre théorie normative. Les théories rétributives de la peine offrent certainement un confort psychologique inaccessible à l'utilitariste, parce qu'elles permettent d'être certain que la peine est justifiée dès lors qu'elle n'affecte que les coupables et qu'elle respecte une échelle de proportionnalité intuitive. Mais le fait qu'elles pourraient permettre d'atteindre des conclusions définitives ne saurait constituer un argument en leur faveur, tant les fondements de ces théories sont fragiles.

Une analogie de David Friedman est à cet égard particulièrement éclairante : « En adoptant une position philosophique que je crois fausse, simplement parce qu'elle facilite la réponse à un ensemble de questions particulières, ne suis-je pas en train de commettre la même erreur que l'ivrogne qui avait perdu son portefeuille devant un pâté de maisons, mais le cherchait cent

---

198 DENNETT, Daniel, *op. cit.*, p. 586.

mètres plus loin sous le réverbère au coin de la rue, parce que là, on y voyait plus clair ? »[199].

Comme l'a souligné avec verve Jeremy Bentham, l'approche utilitariste est précieuse même lorsqu'elle est relativement indéterminée : « Il y a beaucoup de points très importants, dont le *pour* et le *contre* sont tellement compliqués que l'esprit demeure en suspens et ne saurait parvenir à un résultat certain. Cependant, même dans ces cas, il est utile de savoir où gît la difficulté, fût-elle insurmontable, et de marquer toutes les conditions qu'il faut remplir pour la solution du problème, quoiqu'on ne pût jamais atteindre à une solution complète. Le problème restera dans un état d'incertitude, mais on en sera moins tranchant et moins fier : on ne donnera pas une confiance aveugle à des arguments inconcluants : on aura des principes pour démasquer les sophismes et pour humilier l'orgueil des déclamateurs. Combien une marche prudente, combien la circonspection qui accompagne ce doute salutaire ne sont-elles pas préférables à la témérité qui comprend tout sans vouloir calculer les suites ? »[200].

La *formulation* de l'article 8 de la Déclaration des Droits de l'Homme et du citoyen – « la loi ne doit établir que des peines strictement et évidemment nécessaires » – constitue ainsi un bon exemple de l'orgueil déclamatoire et imprudent dénoncé par Bentham : « Que suppose en effet cette maxime ? que dans le cas de chaque délit, on peut trouver une peine si bien adaptée à ce délit, si bien

---

[199] FRIEDMAN, David, *Vers une société sans Etat,* Paris : Belles Lettres, 1992, p. 278. Notons que David Friedman n'utilise pas cette analogie pour défendre l'utilitarisme, puisqu'il est lui-même libertarien ; au contraire, la position philosophique « fausse » à laquelle il fait référence est l'utilitarisme, dont il reconnaît toutefois qu'il permet des raisonnements fiables et rigoureux.

[200] BENTHAM, Jeremy, « De l'influence des temps et des lieux en matière de législation », in *Principes de législation et d'économie politique,* Paris : Guillaumin, 1888, p. 86-87.

proportionnée à sa gravité, que la nécessité de cette peine, à l'exclusion de toute autre, est susceptible d'être portée jusqu'à l'évidence. Mais cela n'est pas vrai, c'est un degré de perfection chimérique. On ne trouvera jamais, pour chaque délit, ni même pour aucun, des peines dont on puisse démontrer (…) qu'elles sont *strictement* et *évidemment* nécessaires. Elles seront toujours susceptibles de plus et de moins, selon une multitude de circonstances qu'il est impossible de déterminer (…) : l'évidence n'appartient donc pas à ce sujet. Il faut se contenter de la plus grande probabilité dont chaque cas est susceptible »[201].

Enfin, comme le souligne Robert Goodin, l'indétermination relative des recommandations utilitaristes peut même être considérée comme un avantage, et non un défaut, car « cela revient simplement à admettre que l'utilitarisme laisse une place au débat public et à la délibération – en d'autres termes, à la politique telle qu'on la conçoit habituellement »[202].

Les limites du fonctionnalisme foucaldien

Si l'incertitude de l'approche utilitariste n'est pas une difficulté insurmontable, il reste que les sciences sociales sur lesquelles elle s'appuie doivent impérativement être fiables et rigoureuses. Or les études françaises sur la délinquance et la sanction pénale semblent de ce point de vue particulièrement sujettes à caution. Les études sociologiques sur la prison, en particulier, se réclament

[201] BENTHAM, Jeremy, « Sophismes anarchiques », in *Tactique des assemblées législatives suivie d'un traité des sophismes politiques*, Paris : Bossange, 1822, p. 305-306.

[202] GOODIN, Robert, *op. cit.*, p. 21 (« It merely amounts to saying that utilitarianism leaves some room for public debate and deliberation – in other words, for politics as it is ordinarily conceived »).

souvent de Michel Foucault, lequel émet dans *Surveiller et punir* de nombreuses affirmations à prétention *explicative* – en plus de ses analyses conceptuelles. Or cet ouvrage présente sur ce point des failles méthodologiques qu'il convient de mettre en lumière, tant son influence sur la réflexion pénale est importante.

Foucault adopte en effet une perspective fonctionnaliste extrêmement contestable. Dans sa version la plus modérée, le fonctionnalisme postule que les phénomènes sociaux qui ont des conséquences « bénéfiques » – ou, selon le point de vue adopté, « maléfiques » – non intentionnelles peuvent en partie être expliqués par ces conséquences[203]. Dans le cadre fonctionnaliste, par exemple, si la prison, la caserne, l'hôpital ou l'école sont organisés de telle sorte qu'ils ont pour *effet* apparent de « dresser » les individus en encadrant minutieusement leurs comportements, alors l'existence et l'organisation de ces institutions doivent pouvoir être *expliquées* par cet effet. Le « dressage » est pensé comme la « fonction » de ces institutions, et cette fonction est considérée comme la cause de leur existence.

C'est précisément la méthode employée par Foucault pour expliquer la pratique du supplice sous l'Ancien Régime ou le développement de l'institution carcérale, comme le montre l'emploi récurrent de termes faisant référence à des fonctions, à un dessein ou à une finalité. Ainsi, après avoir recensé plusieurs facteurs externes pouvant expliquer la pratique du supplice, Foucault ajoute : « Mais sur ce fond, il faut en faire apparaître la

---

[203] Voir ELSTER, Jon, « Functional explanation : in Social science », in May Brodbeck (ed.), *Readings in the philosophy of the social sciences*, New York : Macmillan, 1968, p. 403-415.

fonction précise »[204], puis il présente cette fonction comme une *cause* de l'existence de cette pratique[205].

S'agissant du « pouvoir disciplinaire », l'auteur utilise de façon récurrente le vocabulaire des « fins ». Il mentionne ainsi le « triple *objectif* des disciplines » et prétend que « les disciplines sont des techniques *pour assurer* l'ordonnance des multiplicités humaines »[206]. L'utilisation fréquente de tournures impersonnelles est également une marque de son fonctionnalisme, puisqu'elles permettent de mettre en évidence des « objectifs » sans identifier leurs auteurs : « Il faudrait alors supposer que la prison et d'une façon générale, sans doute, les châtiments ne sont pas destinés à supprimer les infractions ; mais plutôt à les distinguer, à les distribuer, à les utiliser »[207].

Le problème est qu'une fonction n'a de sens que si elle fait partie d'un dessein ou d'une stratégie menée par un individu ou une instance décisionnaire clairement identifiée. Dire par exemple que la fonction de l'œil humain est de voir revient à mentionner la volonté intentionnelle d'une puissance transcendante. Si les biologistes se permettent de le dire, c'est uniquement par un raccourci de langage faisant implicitement référence à un processus sans finalité, la sélection naturelle. Par conséquent, une « fonction » n'a de sens qu'au sein d'objectifs tenus par des individus identifiables. Or, Foucault n'identifie à aucun moment les acteurs susceptibles d'avoir concocté ces stratégies, alors qu'il

---

[204] FOUCAULT, Michel, *op. cit.*, p. 67.

[205] Le supplice, selon Foucault, n'est pas « la conséquence d'une loi de talion obscurément admise. C'était l'effet, dans les rites punitifs, d'une certaine mécanique du pouvoir ». FOUCAULT, Michel, *op. cit.*, p. 69.

[206] *Ibid.*, p. 254 (c'est moi qui souligne).

[207] *Ibid.*, p. 318.

n'existe aucune « stratégie » sans stratège, aucune « tactique » sans tacticien.

Ainsi, il ne suffit pas de montrer que des institutions produisent un dressage potentiellement utile à la société pour expliquer leur existence ; il faut nécessairement mettre en évidence un mécanisme *causal* plausible, par exemple en montrant que ceux qui profitent de ce dressage sont *directement* responsables de la mise en place de ces institutions. Or Michel Foucault ne nous fournit jamais de tels mécanismes.

Lorsqu'il explique un phénomène par le fait qu'il profite à la *classe dominante*[208], l'explication possède une plausibilité minimale, dans la mesure où les classes dominantes sont censées avoir une influence particulièrement importante sur le processus législatif, mais il n'en reste pas moins que des faits supplémentaires doivent être proposés pour appuyer une telle affirmation.

Le plus souvent, cependant, Foucault présente les pratiques pénales comme servant une substance mystérieuse nommée « pouvoir » ou « discipline » : le supplice servirait le pouvoir de souveraineté, tandis que la prison servirait le pouvoir disciplinaire. Or, si rien n'interdit de penser *a priori* qu'une pratique pénale peut être expliquée par le fait qu'elle renforce le système de pouvoir existant, il faut impérativement mettre en évidence le mécanisme *causal* à l'origine d'un tel processus. Il conviendrait par exemple de montrer que les individus sont naturellement poussés à établir et à

---

[208] C'est le cas par exemple de la redéfinition des « illégalismes » au XVIIIe siècle, destinée à réprimer les atteintes aux biens, devenues insupportables pour la bourgeoisie. De même, la production, par la prison, d'une délinquance spécifique et contrôlée « représente un détournement d'illégalisme pour les circuits de profit et de pouvoir illicite de la classe dominante ». *Ibid.*, p. 327.

respecter des institutions qui maximisent le contrôle social.

La « vérité » du fonctionnalisme a pu être comparée à la « vérité » du pré-darwinisme : de même que Lamarck aurait eu raison d'expliquer la structure des organismes par leurs conséquences utiles – bien que sa théorie explicative était fausse – de même il y aurait suffisamment d'exemples soutenant le fonctionnalisme pour pouvoir l'utiliser, même si l'on ne connaît pas encore le processus psychologique qui le sous-tend. Cette analogie est cependant peu plausible, car aucune explication psychologique sérieuse ne peut expliquer pourquoi les individus adopteraient des pratiques et comportements qui seraient au service de la classe dominante ou d'un système de pouvoir particulier.

Jon Elster prend ainsi l'exemple de l'intériorisation, chez les esclaves de l'Antiquité, de l'idée selon laquelle leur maîtres possédaient une supériorité naturelle. Selon lui, les fonctionnalistes auront tendance à dire que cette croyance s'explique par le fait qu'elle est utile aux maîtres – ou à la pérennisation du système – alors qu'il est beaucoup plus plausible de penser que son existence est due au fait qu'elle est utile aux esclaves : ils auraient été trop malheureux sans elle[209].

Les faiblesses du fonctionnalisme foucaldien sont symptomatiques du manque de rigueur épistémologique qui caractérise parfois les sciences sociales. De nombreux travaux de sociologie, en effet, sont peuplés d'entités étranges, comme le pouvoir ou la culture, « dont on serait bien en peine de dire de quelle substance ils relèvent »[210], comme le note Dan Sperber. Pour être véritablement

[209] Voir ELSTER, Jon, *op. cit.*, p. 403-415.

[210] SPERBER, Dan, « Les sciences cognitives, les sciences sociales et le matérialisme », *Le Débat*, 47, novembre-décembre 1987, p. 108.

scientifiques, les sciences sociales devraient au contraire pouvoir s'intégrer dans une perspective naturaliste, ce qui implique que le caractère *matériel* de chaque phénomène social mentionné doit être manifeste.

Car si les faits sociaux, comme le veut l'épistémologie durkheimienne, ne sont ni des faits biologiques, ni des faits psychologiques, ni une somme de faits individuels, on est en droit de se poser des questions : « Mais que sont-ils au juste ? Comment se situent-ils dans l'espace et dans le temps ? A quelles lois causales obéissent-ils ? »[211]. Comme le naturalisme ne reconnaît de pouvoir causal qu'à des phénomènes matériels, une explication sociologique ne doit faire intervenir que des modifications environnementales et des processus mentaux – donc individuels.

C'est pourquoi le holisme méthodologique est nécessairement inadéquat en sciences sociales. Selon la thèse holiste, les phénomènes sociaux peuvent s'expliquer en invoquant des entités supra-individuelles – comme la culture ou le pouvoir – irréductibles à des phénomènes individuels. Dans la perspective naturaliste, cette position est intenable parce que ces entités n'ont aucune existence matérielle en dehors des représentations mentales des individus[212].

Le naturalisme est donc nécessairement *individualiste* : les phénomènes sociaux doivent pouvoir être expliqués de façon satisfaisante en montrant qu'ils sont la conséquence de représentations et de

---

[211] *Ibid.*

[212] « Le naturalisme ne reconnaît de rôle causal qu'à des entités et à des propriétés dont le caractère naturel est manifeste ; il s'oppose donc au holisme qui se définit par le rôle donné à des entités supra-individuelles dont le rapport à la nature reste tout à fait mystérieux ». SPERBER, Dan, « Individualisme méthodologique et cognitivisme », in R. Boudon, F. Chazel et A. Bouvier (eds.), *Cognition et sciences sociales*, Paris : Presse Universitaires de France, 1997, p. 125.

comportements individuels. Un mouvement de foule, par exemple, doit pouvoir être expliqué par les décisions individuelles de chacun des membres de la foule – décisions elles même évidemment déterminées par une multitude de facteurs, à commencer par les réactions des autres individus –, et non par des forces *extérieures* aux individus.

Ces précisions épistémologiques ne sont pas sans lien avec la problématique normative de cet ouvrage, parce que le fonctionnalisme foucaldien contribue à propager une vision du monde favorable à certains présupposés normatifs. Dans le monde de *Surveiller et punir*, en effet, ce n'est pas tant l'échec – supposé – de la prison qui paraît scandaleux, que le fait que nous soyons le jouet d'un processus qui « veut » faire de nous des êtres dociles et utiles. Comment ne pas vouloir renverser un « système » dont l'objectif n'est pas de réduire la délinquance, mais de la classer et de la mettre à part pour mieux la contrôler ?

La vulgate foucaldienne n'est pas très éloignée de la théorie du complot, comme l'illustre cette assertion du sociologue Gilles Chantraine : « Le temps n'est peut-être pas si loin où la récidive pénitentiaire (le retour en prison), autrefois symptomatique des échecs du système, sera un signe de la 'réussite' et de l'efficacité des dispositifs de contrôle »[213]. De même, dire que la prison *sert* à « gérer la populace », comme le fait Loïc Wacquant[214], est plus favorable à ses convictions

---

[213] CHANTRAINE, Gilles, « Prison, risque, contrôle : Mutations de l'emprise carcérale », *Ecorev*, n°15, 19 janvier 2004, p. 13.

[214] « Aux Etats-Unis, le suremprisonnement sert avant tout à 'gérer la populace' qui dérange bien plus qu'à lutter contre les crimes de sang dont le spectre hante les media et alimente une florissante industrie culturelle de la peur des pauvres ». WACQUANT, Loïc, « Les scories de l'Amérique », *Ecorev*, n°15, 19 janvier 2004, p. 25.

idéologiques que de se contenter de dire qu'elle a pour *effet* de contrôler les classes populaires ou que de déclarer que certains individus identifiés *souhaitent* qu'elle ait cet objectif. Montrer que la prison a une *fonction* perverse pousse à mettre à bas le système qui poursuit de tels desseins, tandis que mettre en évidence les *effets* néfastes potentiels de la prison incite à chercher des solutions constructives.

En outre, le holisme en général, et le fonctionnalisme en particulier ont pour effet de masquer les véritables enjeux normatifs de la sanction pénale. Lorsque l'on présente la peine comme destinée à « défendre la société », ou lorsque, comme Foucault, on présente la « modification » du détenu comme « utile à la société »[215], on accrédite l'idée qu'il existerait une entité – la société – qui aurait des intérêts différents de ceux des individus qui la composent. Or, comme la « société » n'est rien d'autre que la somme des différents individus qui la composent, vouloir « défendre la société » revient en réalité à souhaiter éviter qu'un trop grand nombre d'individus ne soient victimes d'actes criminels. Il ne s'agit pas de prendre parti pour la société ou pour l'individu, mais de mettre en balance la souffrance des condamnés avec celle des victimes potentielles.

Autrement dit, comme l'avait souligné Bentham, l'intérêt de la société n'est rien d'autre que « la somme des intérêts des divers membres qui la composent »[216]. Cette thèse est souvent mal comprise, parce qu'on assimile souvent les intérêts individuels aux *désirs immédiats* des individus. Or l'intérêt d'un individu n'est pas de voir ses désirs satisfaits à un instant donné, mais d'être tout au long de sa vie le plus heureux possible en

---

[215] FOUCAULT, *op. cit.*, p. 283.

[216] BENTHAM, Jeremy, *Introduction to the principles of morals and legislation*, *op. cit.*, p. 12 (traduction M.-L. Leroy).

moyenne. C'est pourquoi Bentham déclare à juste titre que les intérêts individuels « sont les seuls vrais intérêts. Prenez soin des individus, ne les blessez jamais, et vous en aurez assez fait pour le public »[217].

La question de la rationalité des criminels face à certains **a priori**

Les études sociologiques françaises ont en outre tendance à éluder les effets dissuasifs de la peine, pour se focaliser sur les questions de réinsertion ou de récidive. Raymond Gassin remarque ainsi que l'abondante littérature en langue anglaise développée depuis 1971 sur la fonction d'intimidation collective de la peine contraste avec la pauvreté des études publiées en français, lesquelles sont d'ailleurs le plus souvent le fait d'auteurs étrangers[218].

Cette particularité peut s'expliquer à la fois par des présupposés méthodologiques erronés et par des *a priori* idéologiques, ces deux facteurs se renforçant l'un l'autre pour produire une vision du monde dans laquelle l'objectif de dissuasion n'a pas sa place.

Sur le plan méthodologique, admettre que la peine a des effets dissuasifs reviendrait à reconnaître la validité de ce que Raymond Boudon appelle le « postulat de la rationalité », selon lequel une des causes principales des actions du sujet réside dans les bonnes raisons qu'il a de

---

[217] BENTHAM, Jeremy, *Principles of the Civil Code, Works*, ed. Bowring, vol. I, p. 321, cité par LEROY, Marie-Laure, *op. cit.*, p. 563.

[218] Voir GASSIN, Raymond, *Criminologie*, Paris : Dalloz, 2003, p. 556. Cela pourrait expliquer pourquoi le terme « répression » est péjoratif en France, comparé au terme anglais de « law enforcement » : si l'on pense que la dissuasion est inefficace, on tendra à associer la peine à un simple instinct punitif.

les adopter[219]. La perspective d'être sanctionné constituerait ainsi une bonne raison pour les individus de ne pas commettre d'infraction.

Ce type d'explication est cependant intrinsèquement lié à l'individualisme méthodologique, et à ce titre rejeté par les tenants de l'épistémologie holiste d'inspiration durkheimienne. Ce mécanisme est ainsi particulièrement transparent dans la critique par Loïc Wacquant d'une étude américaine sur la criminalité : « Régression vers une vision atomiste de la société comme simple collection sérielle d'individus guidés tout à tour par leur intérêt bien compris (...) ; explication individualiste d'un fait social en violation flagrante du premier précepte de la méthode sociologique (qui veut qu'on explique toujours un fait social par un autre fait social), décrétée caduque dans la nouvelle 'société méritocratique' enfin advenue »[220].

Cette dernière assertion indique de surcroît que le rejet de l'individualisme méthodologique et des variantes du choix rationnel est également lié aux convictions idéologiques de l'auteur. Car si les individus sont sensibles au caractère dissuasif de l'institution pénale, cela signifie que la peine devient un levier *possible* dans la lutte contre la criminalité. Et dans l'esprit des adversaires de la répression pénale, la simple « possibilité » d'utiliser la répression est comprise – contre tout bon sens – comme une « nécessité ».

Selon Jean Poupart, en effet, le choix rationnel rendrait le levier pénal incontournable parce que la dissuasion serait alors le *seul* moyen de lutter contre la délinquance. La peine serait en outre rendue

---

219 Voir BOUDON, Raymond, « Théorie du choix rationnel ou individualisme méthodologique ? », *Sociologie et Sociétés*, 34 (1), 2002, p. 9-34.

220 WACQUANT, Loïc, *Les prisons de la misère*, Paris : Raisons d'Agir, 1999, p. 40.

intrinsèquement légitime, parce que la rationalité des délinquants serait une preuve de leur responsabilité morale. Jean Poupart affirme ainsi à la fois que « la perspective du choix rationnel s'inscrit dans une logique de contrôle social »[221] et « qu'elle s'inscrit dans une philosophie sociale et pénale qui regarde foncièrement les conduites sociales sous l'angle de la responsabilité individuelle »[222].

Toutefois, aucun lien logique n'existe entre la théorie du choix rationnel et certaines politiques pénales. En effet, la théorie du choix rationnel prédit par exemple qu'un chômeur aura plus tendance à commettre des infractions qu'un actif occupé, à la fois parce que l'enrichissement par des voies illégales est d'autant plus séduisant que l'on est moins riche, et parce qu'il ne risque pas, en étant incarcéré, de perdre un emploi qu'il n'a pas. Réduire le chômage, dans cette optique, permettrait donc de réduire la criminalité, ce qui invalide la thèse selon laquelle la réponse pénale serait la *seule* appropriée dans une perspective de choix rationnel.

En outre, l'hypothèse selon laquelle tous les acteurs, y compris les criminels, seraient au moins en partie rationnels n'a aucune implication en termes de responsabilité morale. Comme nous l'avons montré en deuxième partie, la capacité de raisonner n'est pas en elle-même une preuve du caractère « libre » de la décision, celle-ci étant toujours déterminée par de multiples facteurs.

Avant d'examiner avec précision les études existantes sur le caractère dissuasif de la peine, il semble nécessaire de préciser ce que peut apporter l'approche naturaliste à la

---

[221] POUPART, Jean, « Choix rationnel et criminologie : limites et enjeux », *Sociologie et Sociétés*, 34 (1), 2002, p. 142.
[222] *Ibid.*

question de savoir si les criminels sont susceptibles d'être dissuadés par la sanction pénale, et donc à la question de la validité des explications proches de la théorie du choix rationnel. Car si le naturalisme disqualifie toute théorie non individualiste du social, il ne valide pas pour autant l'individualisme méthodologique au sens strict.

Tel qu'il est défini par Raymond Boudon, en effet, l'individualisme méthodologique comprend deux postulats, celui de la compréhension – comprendre les actions, croyances et attitudes d'un acteur revient à reconstruire le sens qu'elles ont pour lui – et celui de la rationalité – l'acteur adhère à une croyance ou entreprend une action parce qu'elle a du sens pour lui[223]. Ainsi, pour Dan Sperber, l'individualisme méthodologique « présuppose l'existence d'individus humains guère différents des personnes que reconnaît le sens commun, sujets de conscience, maîtres de leurs actions, et dont, tout au plus, la rationalité a quelque peu été idéalisée pour les besoins de l'explication »[224].

Or l'existence de ce type d'individus n'a rien d'évident d'un point de vue naturaliste, dans la mesure où les sciences cognitives ont établi que la plupart des processus mentaux sont inconscients. Les raisons des acteurs sont donc intéressantes lorsqu'elles jouent un rôle causal, mais « elles ne nous intéressent *a priori* ni plus ni moins que tout ce qui joue un rôle causal »[225]. Or, « aussi

---

[223] Voir BOUDON, Raymond, *op. cit.,* p. 9-34.

[224] SPERBER, Dan, « Voir autrement la culture », in Roger-Pol Droit et Dan Sperber, *Des Idées qui viennent*, Paris : Odile Jacob, 1999, p. 104.

[225] SPERBER, Dan, « Individualisme méthodologique et cognitivisme », in R. Boudon, F. Chazel et A. Bouvier (eds.), *Cognition et sciences sociales*, Paris : Presse Universitaires de France, 1997, p. 128. Sperber reconnaît que les raisons de nos actions nous intéressent au premier chef, mais d'un point de vue naturaliste, « le fait que, dans la sociologie, ce soient des êtres de raison qui étudient des êtres de raison n'est pas plus pertinent que le fait que, dans la biologie, ce soit du vivant qui étudie du vivant, ou que, dans la physique, ce soit de la matière qui étudie de la matière », *Ibid.,* p. 128.

volontaire que soit une action, elle comporte toujours des aspects involontaires dont les effets causaux ne sont pas *a priori* moindres que ceux des aspects volontaires »[226].

Comme le souligne Dan Sperber, par conséquent, le seul type d'individu manifestement naturel n'est pas l'agent rationnel, mais l'organisme. C'est pourquoi l'individualisme méthodologique et la théorie du choix rationnel sont intrinsèquement insuffisants et qu'ils gagneraient à s'enrichir des progrès de la biologie, de l'écologie et surtout de la psychologie. Selon le biologiste Edward O. Wilson, « c'est dans la biologie et la physiologie que les économistes et les autres spécialistes des sciences sociales trouveront les prémisses nécessaires pour forger des modèles plus prédictifs, tout comme c'est dans la physique et la chimie que les chercheurs ont découvert les prémisses qui leur ont permis de faire progresser la biologie » [227].

Cela ne signifie pas, pour autant, que les prédictions de la théorie du choix rationnel sont erronées, et encore moins qu'il existerait aujourd'hui des modèles plus performants. Car s'il est établi que nos comportements sont largement causés par des mécanismes inconscients ainsi que par des réactions émotionnelles, cela n'implique pas qu'ils soient irrationnels. Les individus peuvent avoir des comportements objectivement rationnels sans que ceux-ci ne soient le fruit d'une délibération consciente et réfléchie.

Les psychologues évolutionnistes ont ainsi montré que la rationalité de l'esprit humain procédait moins de méthodes générales rationnelles et conscientes que « d'instincts de raisonnement » automatiques, modelés

---

[226] *Ibid.*, p. 131.
[227] WILSON, Edward. O., *op. cit.*, p. 270.

par l'évolution[228]. Par ailleurs, les travaux d'Antonio Damasio ont montré que les émotions étaient des guides indispensables pour la rationalité de nos choix. Ses travaux montrent notamment que les individus qui ont subi une lésion cérébrale ayant entraîné un déficit émotionnel tendaient à prendre des décisions systématiquement néfastes pour eux-mêmes, alors même que leurs capacités de réflexion rationnelle étaient inchangées[229].

Les neurosciences et la psychologie évolutionniste tendent ainsi à penser les individus comme beaucoup plus proches de ceux décrits par Boudon que de ceux décrits par Durkheim. Loin de penser les individus comme des marionnettes modelées par la somme statistique de leurs expériences, ces disciplines les voient comme des agents actifs avec des capacités structurées de traitement de l'information, liées à l'intérêt personnel[230], ce qui a son importance pour notre réflexion sur l'efficacité de la dissuasion pénale. Car si l'ensemble de ces hypothèses sont justes, cela signifie qu'il est possible que des comportements aussi « impulsifs » que peuvent l'être ceux de criminels soient en réalité inconsciemment soumis à une certaine rationalité – et donc sensibles à la menace de la sanction.

---

[228] Voir COSMIDES, Leda et TOOBY, John, « Better than Rational : Evolutionary Psychology and the Invisible Hand », *American Economic Review*, 84 (2), 1994, p. 327-32.

[229] Voir DAMASIO, Antonio, *Spinoza avait raison : joie et tristesse, le cerveau des émotions*, Paris : Odile Jacob, 2003, chap. 4.

[230] Voir DALY Martin et WILSON, Margo, « Crime and conflict : homicide in evolutionary psychological perspective », *Crime and Justice*, 22, 1997, p. 51-100.

Chapitre 8

L'examen empirique des objectifs utilitaristes traditionnels de la peine

Les objectifs que l'approche utilitariste assigne à la peine se restreignent à ceux qui sont tournés vers le futur et axés sur la réduction de la criminalité. Dans ce cadre, on attend généralement de la peine qu'elle conduise à la réinsertion du délinquant, le dissuade de récidiver, ou l'empêche physiquement, dans le cas de l'incarcération, de commettre une infraction. En réalité, les études empiriques montrent que ces différents effets sont moins importants que l'effet dissuasif général exercé par la sanction pénale sur l'ensemble des délinquants potentiels.

La réhabilitation, la dissuasion individuelle et la neutralisation

L'objectif de réhabilitation des criminels, couramment appelé objectif de réinsertion ou de « resocialisation », est né au XIXe siècle avec la volonté d'amender et de réformer l'individu par l'imposition d'une certaine discipline de vie. La réhabilitation prend aujourd'hui des formes très diverses, mais elle obéit à plusieurs principes communs. La finalité du traitement, quel qu'il soit, est de réadapter le délinquant à la vie sociale, de manière à ce qu'il ne soit plus dans une situation de commettre de nouvelles infractions. L'objectif de réhabilitation s'appuie ainsi sur l'idée qu'il existe une convergence entre l'intérêt du délinquant et celui de la société, le traitement de celui-ci permettant de protéger celle-là[231].

En pratique, ces principes exigent une certaine individualisation de la peine, puisqu'il convient d'adapter le traitement à la personnalité du délinquant. Le traitement doit également pouvoir être arrêté ou modifié en cours de route si besoin est. Par conséquent, lorsque l'institution judiciaire est construite autour du seul objectif de réhabilitation, elle doit mettre en place une individualisation maximale de la peine. Ce fût notamment le cas du système américain jusqu'au milieu des années 1970, dans lequel les juges disposaient d'une marge de manœuvre quasiment illimitée, tant lors du prononcé de la peine que lors de son aménagement.

Il existe deux principaux types de traitement *potentiellement* favorables à la réinsertion du condamné. Le premier regroupe l'ensemble des activités non thérapeutiques proposées lors de la détention. Il s'agit essentiellement de la formation scolaire et de la formation professionnelle, lesquelles sont prévues dans toutes les législations occidentales. En France, l'enseignement primaire est assuré dans tous les établissements, et des études plus élevées peuvent être poursuivies sur autorisation du chef de l'établissement[232]. L'apprentissage d'un métier en détention est également censé être un gage de réinsertion future. Et dans la plupart des pays occidentaux, à l'exception de la France, le travail pénitentiaire est obligatoire pour le détenu, ce qui est censé lui permettre de structurer son rythme de vie et de réapprendre les règles et valeurs de base de la société. Enfin, la réinsertion peut être préparée par l'établissement

---

[231] Voir CUSSON, Maurice, *Le contrôle social du crime*, Paris : Presses Universitaires de France, 1983, p. 32-34.

[232] Voir PRADEL, Jean, *Manuel de droit pénal général*, Paris : Ed. Cujas, 2004, p. 642.

d'un projet de sortie, l'accompagnement lors de la recherche d'un emploi ou la libération conditionnelle.

Le second type de traitement regroupe l'ensemble des psychothérapies proposées ou imposées au condamné, lesquelles sont destinées à répondre à des problèmes psychologiques spécifiques.

La première étude rigoureuse des effets de ces différents types de traitement sur la récidive fut relativement négative. Ses conclusions, publiées par Robert Martinson en 1974 dans un article retentissant intitulé « What works », ont mis fin à la croyance généralisée en l'efficacité de la réhabilitation. L'étude montrait en effet que l'immense majorité des programmes américains de traitement de la délinquance n'avaient pas ou peu d'effet sur la récidive individuelle. Cette étude a eu le mérite de montrer que le traitement correctif est une entreprise extrêmement difficile. Lorsque les autorités manquent d'expertise et prennent des décisions discrétionnaires en se fondant simplement sur le sens commun, la réhabilitation ne peut fonctionner. Cette étude ne montrait pas qu'aucun type de traitement ne pouvait fonctionner ; elle constituait plutôt un appel à une plus grande prudence scientifique sur la question[233].

Depuis 1974, de nombreuses études ont été menées dans le but de déterminer la relation statistique entre les différents traitements et le taux de récidive[234]. La plupart aboutissent à un effet positif d'environ 10 points, ce qui signifie qu'un individu ayant par exemple 50 % de chances de récidiver en l'absence de traitement n'en a que

[233] Sur l'article de Martinson et ses enseignements, voir CULLEN, Francis, « Rehabilitation and Treatment Programs », in J. Q. Wilson et J. Petersilia (eds.), *Crime : Public Policies for Crime Control*, Oakland (Calif) : ICS Press, 2002, p. 256-261.

[234] Francis Cullen présente, dans l'article précité, une synthèse très complète de l'ensemble des résultats obtenus. Voir *Ibid.*, p. 267-287.

40 % après un traitement. Mais ce chiffre est une moyenne qui masque un différentiel d'efficacité relativement important entre différents types de traitement.

Les programmes les plus répandus ne sont pas nécessairement ceux qui conduisent à une diminution élevée de la récidive[235]. Ainsi, les programmes de formation scolaire et professionnelle ne semblent pas avoir un effet important (entre 0 et 10 points), même si la faible qualité des études doit inciter à une grande prudence. De même, les programmes de traitement de la consommation de drogue n'ont en général pas de résultats très probants, même si les plus efficaces atteignent un effet positif de 13 points. Enfin, les programmes de traitement des criminels sexuels ont également des résultats modestes, de l'ordre de 7 points environ.

Il semble toutefois que des traitements thérapeutiques spécifiques conduisent à des résultats beaucoup plus favorables, de l'ordre de 20 points en moyenne, et pouvant aller jusqu'à 30 points[236]. Inspirées de programmes canadiens, ces thérapies comportent plusieurs caractéristiques précises. Elles doivent tout d'abord se concentrer sur les facteurs criminogènes scientifiquement prouvés, comme par exemple l'impulsivité, la prise de risque et le faible contrôle de soi, et non sur des facteurs qui ne prédisent en rien la récidive, comme les problèmes d'estime de soi. La thérapie doit donc reposer sur une théorie valide du comportement criminel et doit être individualisée pour être conforme aux besoins du délinquant. Il apparaît ainsi que les thérapies comportementales et cognitives (TCC) sont de loin les plus efficaces dans la réduction de la récidive.

---

[235] *Ibid.*, p. 268-276.
[236] *Ibid.*, p. 278-283.

Ces programmes connaissent une limite importante, dans la mesure où ils ne sont adaptés qu'à une certaine catégorie de délinquants. Mais ils signalent néanmoins que les progrès de la psychologie et des psychothérapies peuvent constituer un véritable espoir pour l'objectif de réhabilitation.

L'objectif de dissuasion individuelle, ou « dissuasion spéciale », va de pair avec l'objectif de réhabilitation, puisque la peine a également pour objet de réduire la probabilité de récidive de celui qui la subit. Toutefois, c'est le caractère désagréable de la peine, et non le caractère resocialisant du traitement, qui est censé détourner le délinquant de la récidive. Par conséquent, on dit que l'incarcération a un effet dissuasif spécial lorsque l'effet potentiellement criminogène de la peine de prison est plus que compensé par la crainte d'y retourner.

Il est en pratique difficile de distinguer l'effet dissuasif de l'effet réhabilitatif dans la mesure où la plupart des peines de prison contiennent certaines activités ayant pour objet de réinsérer le détenu. En outre, on ne peut tirer aucune conclusion des seules statistiques globales de la récidive. Par exemple, on constate aux Etats-Unis que parmi les individus libérés de leur première peine de prison, environ deux tiers n'y retourneront plus ; en revanche, parmi les individus libérés une année donnée, bien plus de la moitié y retourneront[237]. Le criminologue Tonry souligne ainsi que ces chiffres sont souvent instrumentalisés, le premier pour montrer que la prison « marche », et le second pour montrer qu'elle « ne marche pas », alors qu'ils se bornent à signaler que les individus condamnés à plusieurs

[237] Voir TONRY, Michael, *Thinking about crime : sense and sensibility in American penal culture*, New York : Oxford University Press, 2004, p. 186-188.

reprises récidivent en moyenne plus souvent que ceux qui n'ont été condamnés qu'une seule fois.

Le bilan de la dissuasion spéciale semble en réalité globalement mitigé. Maurice Cusson mentionne des études paraissant montrer que la sévérité et la nature des peines n'affecte pas sensiblement le taux de récidive[238], mais les recherches sont encore nettement insuffisantes. Raymond Gassin s'appuie pour sa part sur des études plus récentes pour signaler que le degré de contrainte de la peine – à défaut de sa durée – ainsi que la précocité de son imposition dans la carrière du délinquant peuvent entraîner une diminution de la récidive[239]. Il est donc nécessaire d'être extrêmement prudent pour apprécier le degré d'efficacité de l'objectif de dissuasion individuelle.

L'objectif de neutralisation consiste à prévenir les infractions en empêchant physiquement les individus condamnés de les commettre, par l'enfermement ou l'assignation à résidence. Cet objectif est généralement associé au cas des criminels les plus dangereux, mais il convient de noter que la neutralisation de tous les types de délinquants peut avoir un effet non négligeable sur le taux de criminalité, dans la mesure où ces derniers commettent en moyenne de nombreuses infractions lorsqu'ils ne sont pas en prison. Plusieurs études ont ainsi montré qu'aux Etats-Unis, le nombre *médian* d'infractions annuelles par prisonnier – lorsqu'ils sont en liberté – est de 12 à 15[240]. L'incarcération devrait donc avoir mécaniquement pour effet de diminuer d'autant le nombre d'infractions.

---

[238] Voir CUSSON, Maurice, *Criminologie actuelle*, Paris : Presses Universitaires de France, 1998, p. 145-150.

[239] Voir GASSIN, Raymond, *op. cit.*, p. 567-68.

[240] Voir LEVITT, Steven D., « The Effect of Prison Population Size on Crime Rates : Evidence from Prison Overcrowding Litigation », *The Quarterly Journal of Economics*, 111 (2), 1996, p. 346.

Cet effet est toutefois limité par le remplacement éventuel des délinquants incarcérés. Car l'attrait financier de certaines infractions, comme la vente de stupéfiants, fait que chaque délinquant neutralisé est immédiatement remplacé par un autre, lequel n'avait pas d'opportunité délictueuse avant l'incarcération du premier. L'effet de remplacement semble toutefois limité à certains types d'infractions spécifiques, et reste négligeable dans le cas des crimes avec violence.

Si la neutralisation indifférenciée exerce une pression à la baisse sur le taux de criminalité, la neutralisation *sélective* est potentiellement beaucoup plus efficace. Elle consiste en effet à cibler, parmi les individus condamnés, les individus dangereux ou les délinquants à haut risque, et à leur imposer une peine plus longue de manière à les empêcher de commettre des infractions. Cette technique est potentiellement extrêmement avantageuse dans la mesure où une petite minorité de délinquants commet une grande partie des infractions. Par exemple, une étude de 1986 a montré qu'environ 5 % des détenus californiens commettaient plus de 180 vols par an, alors que la *moyenne* annuelle par détenu était de 43[241].

Par conséquent, si l'on parvenait à identifier les délinquants les plus dangereux ou les plus actifs, le taux de criminalité pourrait chuter de façon considérable. Dans la pratique, il est toutefois extrêmement difficile de prédire avec précision quels sont les délinquants dangereux, c'est-à-dire ceux dont on a des raisons de penser qu'ils ont les plus fortes chances de récidiver. Les facteurs *corrélés* avec la récidive sont certes bien connus : les individus les plus susceptibles de récidiver sont ceux qui commettent des infractions contre les biens, dont le

---

[241] Voir NAGIN, Daniel, « Deterrence and incapacitation », in M. Tonry (ed.), *The handbook of crime and punishment,* Oxford : Oxford University Press, 2000, p. 345-368.

casier judiciaire est chargé, qui sont jeunes (entre 18 et 25 ans), sans emploi ni situation familiale (c'est-à-dire sans femme ni enfants), et qui consomment des drogues[242]. Mais l'utilisation de ces différents facteurs pour *prédire* la récidive conduit en pratique à de nombreuses erreurs.

La dissuasion générale

Examiner l'effet de la sanction sur celui qui la subit masque toutefois l'essentiel. L'efficacité de la sanction pénale semble en réalité essentiellement due à sa valeur dissuasive *générale*.

Plusieurs exemples historiques montrent en effet que beaucoup de citoyens violeraient la loi s'ils pensaient pouvoir le faire en toute impunité. Lorsqu'une grève de la police a été rendue publique à Melbourne en 1923, des milliers d'individus se sont rendus au centre ville pour multiplier les actes de délinquance. Ces actes n'ont pris fin que lorsque le gouvernement a engagé des milliers de citoyens pour agir en tant qu'officiers de police[243]. Lorsqu'en Septembre 1944, les forces d'occupation allemande ont arrêté les policiers danois suspectés d'actes de résistance et les ont remplacés par un personnel improvisé et inefficace, les vols à main armée commis à Copenhague ont été multipliés par 10 durant les 7 mois qui ont suivi[244]. Un phénomène comparable a eu lieu à Montréal en 1969 lorsque les policiers municipaux se mirent en grève : les délits contre les biens dans le secteur

---

[242] Voir PETERSILIA, Joan, « Community corrections », in J. Q. Wilson et J. Petersilia (eds.), *Crime : Public Policies for Crime Control*, Oakland (Calif) : ICS Press, 2002, p. 491.

[243] Voir BAGARIC, Mirko, *op. cit.*, p. 146.

[244] Voir ANDENAES, Johannes, *Punishment and deterrence*, Ann Arbor : University of Michigan press, 1974, p. 17.

commercial de la ville furent quatre fois plus nombreux que d'habitude[245].

Ces exemples montrent que l'on ne peut pas conclure d'un certain niveau de délinquance ou d'un taux de récidive élevé que la sanction pénale est inefficace, car ces données se bornent à signaler qu'un certain nombre d'individus n'ont pas été dissuadés, et ne disent rien de ceux qui l'ont effectivement été.

Mesurer l'effet dissuasif de la peine est un exercice extrêmement délicat, car il requiert une rigueur infinie dans le traitement des statistiques. Ainsi, traiter certaines données avec légèreté peut conduire à défendre des thèses erronées. Le sociologue Loïc Wacquant qualifie par exemple la forte hausse de l'incarcération aux Etats-Unis depuis les années 1980 « d'aberration », car, écrit-il, « la criminologie comparée établit sans conteste qu'il n'existe nulle part – dans aucun pays et à aucune époque – de corrélation entre le taux d'emprisonnement et le niveau de la criminalité »[246]. Or une telle corrélation ne signifie manifestement rien en tant que telle. Pour prendre une corrélation du même type, on observe que les grandes villes ont en moyenne à la fois davantage de policiers par habitant et un taux de criminalité plus élevé. Il ne faut bien entendu pas en déduire que la police est un facteur de criminalité, mais plutôt qu'une hausse de la criminalité à un endroit donné conduit généralement les autorités à augmenter le nombre de policiers.

Autre exemple du même type, Loïc Wacquant déclare qu'une preuve supplémentaire « que la répression judiciaire est inefficace en France comme ailleurs » est que « les condamnations de mineurs à la prison ferme se sont envolées de 1905 en 1994 à 4542 en 2001 (…) et

---

[245] Voir CUSSON, Maurice, *Criminologie actuelle, op. cit.*, p. 140.

[246] WACQUANT, Loïc, *Punir les pauvres : le nouveau gouvernement de l'insécurité sociale*, Marseille : Agone, 2004, p. 299.

néanmoins la délinquance des jeunes n'aurait cessé d'augmenter dans l'intervalle »[247]. Là encore, cette donnée ne prouve rien, puisqu'une augmentation de la délinquance entraîne nécessairement, à sanction inchangée, une augmentation du taux d'incarcération, ce qui empêche d'utiliser une telle corrélation pour déterminer si une hausse de l'incarcération contribue à diminuer la délinquance.

Par conséquent, pour isoler l'effet de l'incarcération sur la criminalité, il faut utiliser une variable corrélée avec la variation de la population carcérale, mais non corrélée avec le taux de criminalité. Steven Levitt est parvenu à trouver une telle variable dans les procès de surpopulation carcérale qui ont eu lieu aux Etats-Unis ces trente dernières années, car ceux-ci ont conduit les Etats où ces procès ont eu lieu à réduire fortement le nombre de détenus en l'espace de quelques années, par le biais de libérations anticipées[248]. La variation de la population carcérale n'étant pas la conséquence d'une variation du taux de criminalité, Levitt a pu isoler l'effet net de l'incarcération. Ses calculs montrent que cet effet est important, puisque chaque prisonnier supplémentaire conduisait à éliminer 15 infractions par an en moyenne. La généralisation de ces résultats lui a ainsi permis d'avancer que, si l'explosion de la population carcérale des Etats-Unis entre 1971 et 1993, n'avait pas eu lieu, il y aurait eu en 1993 70 % de crimes violents supplémentaires, et 50 % d'infractions contre les biens supplémentaires.

Le caractère isolé de cette étude doit inciter à utiliser ces résultats avec une grande prudence. En outre, elle

---

[247] *Ibid.*, p. 301.

[248] Voir LEVITT, Steven D., « The Effect of Prison Population Size on Crime Rates : Evidence from Prison Overcrowding Litigation », *op. cit.*, p. 319-51.

combine des effets de dissuasion et de neutralisation, ce qui ne permet pas d'isoler l'effet dissuasif de la peine. Il s'agit toutefois d'un excellent exemple de la rigueur requise pour évaluer les effets de l'incarcération. Seules des études de ce niveau seront par conséquent mobilisées pour déterminer l'effet dissuasif de la peine, toutes les autres se heurtant à des problèmes méthodologiques jetant de sérieux doutes sur leurs résultats[249].

Selon la théorie du choix rationnel, le caractère dissuasif de la peine dépend à la fois de la probabilité d'être condamné et de la sévérité du châtiment. S'agissant de la probabilité d'être arrêté et condamné, la plupart des études existantes montrent qu'elle constitue en effet un élément essentiel de la dissuasion. On a ainsi observé que la délinquance tend à chuter lorsque la probabilité d'arrestation augmente brusquement. C'est le cas lorsque la police procède à une intensification soudaine et temporaire d'activités ciblées, nommée « blitz » : l'augmentation de la présence policière et des arrestations, ainsi que la publicité donnée à l'opération, font baisser temporairement l'activité criminelle visée. Et comme les délinquants, une fois l'opération terminée, ne réalisent pas immédiatement que les risques d'arrestation sont revenus à leur niveau antérieur, on constate que la réduction de la criminalité tend à se prolonger quelque temps après la fin des « blitz »[250].

L'effet dissuasif dépend par conséquent de la probabilité *subjective* d'être arrêté, et non de la

[249] Il existe un très grand nombre d'études empiriques sur la question de la dissuasion, mais comme le souligne Levitt, seule une petite minorité d'entre elles parvient à contourner ces problèmes méthodologiques. Voir LEVITT, Steven D., « Deterrence », in J. Q. Wilson et J. Petersilia (eds.), *Crime : Public Policies for Crime Control*, Oakland (Calif) : ICS Press, 2002, p. 436.
[250] Voir CUSSON, Maurice, *Criminologie actuelle, op. cit.*, p. 140-41.

probabilité réelle. L'introduction du « British Safety Act », destiné à lutter contre l'alcool au volant, a entraîné une baisse immédiate de 66 % des accidents sérieux, mais avec le temps, les effets se sont estompés parce que les conducteurs ont réajusté l'estimation du risque d'être arrêté. Inversement, lorsque la probabilité de détection reste à un niveau élevé, l'effet dissuasif semble se prolonger, comme le montre l'exemple d'une région australienne dans laquelle un million d'automobilistes – sur trois millions possédant un permis – sont annuellement testés, ce qui a entraîné une baisse importante et durable des accidents mortels liés à l'alcool[251].

Plusieurs études quantitatives rigoureuses ont en outre montré qu'une augmentation du nombre de policiers conduit à diminuer la criminalité. Il est certes très difficile d'isoler un tel effet dans la mesure où une hausse de la criminalité conduit généralement à une augmentation du nombre de policiers. Mais les rares études qui ont trouvé un moyen de contourner cette difficulté ont chacune montré qu'une augmentation du nombre de policiers de 10 % conduit en moyenne à une baisse de la criminalité d'environ 10 %[252]. Pour trouver ce résultat, Levitt s'est pour sa part appuyé sur le fait que le nombre de policiers augmente de manière disproportionnée dans l'année précédant les élections des maires et des gouverneurs aux Etats-Unis[253]. Cette variable étant corrélée avec le nombre de policiers mais non corrélée avec le taux de criminalité, elle permet d'isoler l'effet dissuasif de la police.

---

[251] *Ibid.*, p. 143-44.

[252] Voir LEVITT, Steven D., « Using Electoral Cycles in Police Hiring to Estimate the Effects of Police on Crime : Reply », *American Economic Review*, 92 (4), 2002, p. 1244-1250.

[253] *Ibid.*

Il convient toutefois de déterminer si l'impact statistique du nombre de policiers sur la délinquance est bien lié à dissuasion, et non à la neutralisation. En effet, si l'augmentation du nombre de policiers conduit à davantage d'arrestations et d'incarcérations, la baisse de la criminalité peut être liée au fait que davantage de délinquants sont neutralisés. En réalité, il est beaucoup plus vraisemblable que l'augmentation de la probabilité d'arrestation conduise à une diminution du nombre d'infractions principalement par le biais de son effet dissuasif[254].

Une étude extrêmement astucieuse de Steven Levitt a ainsi permis de distinguer l'effet dissuasif de l'effet neutralisant d'une augmentation de la probabilité d'arrestation[255]. Levitt remarque en effet que certaines infractions, comme le vol à l'étalage et les cambriolages, sont substituables. Autrement dit, les délinquants qui commettent des cambriolages commettent également des vols à l'étalage. Or une variation du taux d'arrestation a des conséquences potentielles très différentes selon que l'effet prédominant est la dissuasion ou la neutralisation. L'effet dissuasif permet de prédire qu'une augmentation du taux d'arrestations des auteurs de cambriolages conduira à une augmentation du nombre de vols à l'étalage – puisque le délinquant effectuera une substitution entre les deux infractions –, tandis que l'effet neutralisant prédit au contraire qu'une plus grande arrestation des auteurs de cambriolages conduira à une diminution du nombre de cambriolages *et* de vols à

[254] Pour prendre une analogie dans un autre domaine, une étude a montré que le passage de deux à trois arbitres sur le terrain de basket a conduit à une réduction du nombre de fautes sifflées de 30 %. Voir LEVITT, Steven D., « Deterrence », *op. cit.*, p. 442.

[255] Voir LEVITT, Steven D., « Why Do Increased Arrest Rates Appear to Reduce Crime : Deterrence, Incapacitation, or Measurement Error ? », *Economic Inquiry*, 36 (3), 1998, p. 353-372.

l'étalage, puisque davantage de délinquants commettant ces deux types d'infraction seront derrière les barreaux. L'étude a ainsi permis de montrer que l'effet dissuasif prédomine pour la plupart des infractions, et qu'il est particulièrement important pour celles contre les biens.

La valeur dissuasive de la peine paraît également confirmée par le fait que la *sévérité* de la peine n'est pas non plus sans influence sur le taux de criminalité. Conformément à cette hypothèse, Levitt a montré que de mauvaises conditions de vie en prison – mesurées par le taux de mortalité des prisonniers – sont associées statistiquement à une légère diminution du taux de criminalité[256], ce qui suggère que l'effet potentiellement criminogène de la prison est plus que compensé par son effet dissuasif sur l'ensemble des délinquants potentiels[257].

La sévérité de la peine se mesure également par son *quantum*, c'est-à-dire, dans le cas de la peine de prison, du nombre de mois ou d'années de détention. Il est très difficile d'isoler l'impact du quantum de la peine sur le niveau de la criminalité, parce que les peines de prison ont également un effet de neutralisation potentiellement important. Deux études de l'incontournable Levitt ont toutefois permis d'éviter ce problème.

En premier lieu, les cas d'augmentation subite de la durée des peines permettent de distinguer l'effet dissuasif de l'effet neutralisant, car ces mesures ne peuvent pas avoir d'effet neutralisant avant la fin de la durée des

[256] Voir LEVITT, Steven D., KATZ, Lawrence et SHUSTOROVICH, Ellen, « Prison Conditions, Capital Punishment, and Deterrence », *American Law and Economics Review*, 5 (2), 2003, p. 318-343.

[257] Ce simple *constat* ne signifie en aucun cas que l'amélioration des conditions de vie en prison ne soit pas désirable. L'objet de ce chapitre est uniquement de présenter des données empiriques ; leurs implications normatives ne seront analysées qu'un chapitre suivant.

peines prévues par la législation antérieure. Levitt étudie ainsi les effets de la Proposition 8 adoptée par référendum en Californie en 1982, laquelle augmentait les peines de prison pour les récidivistes d'infractions graves[258]. Il constate une diminution immédiate de 3,9 % des crimes mentionnés dans la loi par rapport aux autres, et une diminution globale de 7,9 % trois ans après, ce qui tend à prouver que l'augmentation des peines a eu un effet dissuasif incontestable.

Levitt montre également que les jeunes Américains tendent à commettre moins de délits au moment de leur passage à la majorité légale, parce qu'ils sont alors passibles de peines plus sévères, ce qui est un indice supplémentaire de l'effet dissuasif de la peine[259]. Pour être plus précis, il constate que dans les années qui suivent l'âge de la majorité, les individus commettent aux Etats-Unis 25 % de moins de crimes violents et 10 à 15 % de moins de crimes contre les biens dans les Etats qui punissent les adultes nettement plus sévèrement que les mineurs par rapport aux Etats dans lesquels la différence de sévérité est faible.

---

[258] Voir KESSLER, Daniel et LEVITT, Steven D., « Using Sentence Enhancements to Distinguish between Deterrence and Incapacitation », *Journal of Law and Economics*, 42, 1999, p. 343-63.

[259] Voir LEVITT, Steven D., « Juvenile Crime and Punishment », *Journal of Political Economy*, 106, 1998, p. 1156-85.

peines prévues par la législation antérieure. L'on a étudié ainsi les effets de la Proposition 8 adoptée par référendum en Californie en 1982, laquelle augmentait les peines des [illegible]

Chapitre 9

Des recommandations concrètes conformes à l'utilitarisme pénal

On peut partager les objectifs de l'utilitarisme sans se reconnaître totalement dans des recommandations concrètes présentées comme utilitaristes. En effet, on peut tout d'abord contester la fiabilité des études empiriques à partir desquelles sont élaborées ces recommandations. Dans le cas des politiques pénales, les études mentionnées sont certainement les plus fiables sur la question, mais elles sont par nature révisables et perfectibles. Il est en outre possible de contester des recommandations utilitaristes au motif que les mesures proposées ne maximiseraient pas effectivement le bien-être de la population. Comme l'appréciation de ce qui promeut le bonheur est en partie intuitive, deux utilitaristes qui s'accordent sur les faits peuvent ne pas aboutir à des conclusions identiques. Par conséquent, si les recommandations qui suivent sont formellement conformes à l'approche utilitariste, elles ne peuvent en aucun cas prétendre *incarner* l'utilitarisme pénal.

L'utilité de l'institution pénale et des politiques pénales

La leçon principale de l'examen empirique des différents objectifs de la peine est que l'utilité de l'institution pénale est beaucoup moins liée à l'influence qu'elle exerce sur les individus qu'elle punit qu'à sa valeur de dissuasion générale. Les données mentionnées montrent ainsi que les effets de la réhabilitation, de la dissuasion individuelle et de la neutralisation sur le niveau global de la criminalité sont sans comparaison avec l'effet de dissuasion générale de la peine.

La dissuasion générale est également importante en valeur absolue, ce qui permet de penser que la souffrance imposée aux condamnés, et en particulier aux détenus, est globalement compensée par les gains obtenus en matière de lutte contre la criminalité. D'un point de vue utilitariste, l'institution carcérale est donc un mal nécessaire. Son absence aurait des effets extrêmement néfastes pour le bien-être collectif, car on assisterait vraisemblablement à une explosion du nombre d'actes délictueux et criminels, puis à une multiplication d'actions privées d'autodéfense destinées à se prémunir individuellement contre ces dangers[260].

Il est également intéressant de noter que la dissuasion générale, capitale pour la sécurité matérielle et psychologique des individus, ne peut être produite par des décisions au cas par cas, ou par l'application discrétionnaire de peines exemplaires. Comme le montre Maurice Cusson, l'objectif de dissuasion est le mieux servi par le fonctionnement régulier du système pénal : « Il se peut très bien qu'une personne qui vient d'être trouvée coupable d'homicide n'ait besoin d'être ni réhabilitée, ni intimidée, ni neutralisée. Elle n'en sera pas moins punie quand même pour maintenir la crédibilité de la menace du châtiment. Si la peine était décidée au cas par cas en ne tenant compte que de ses effets directs, le système de justice deviendrait imprévisible et cesserait d'être pris au sérieux »[261]. C'est pourquoi l'utilitarisme

[260] Voir CUSSON, Maurice, *Pourquoi punir ?*, Paris : Dalloz, 1987, p. 119.
[261] *Ibid.*, p. 150.

requiert des juges qu'ils soient « tournés vers le passé » et qu'ils prennent leur décision en fonction de la culpabilité de l'individu et de l'infraction qu'il a commise, et non en fonction des conséquences spécifiques de sa décision sur le bien-être collectif. En d'autres termes, l'approche utilitariste requiert que les juges n'appliquent pas eux-mêmes des critères conséquentialistes[262]. Il n'est par conséquent nullement nécessaire de justifier, comme le fait Hart, la *distribution* des peines par un critère rétributif[263].

L'importance de l'objectif de dissuasion générale ne signifie pas que les autres objectifs doivent être négligés.

S'agissant des traitements de réhabilitation, leur mise en œuvre se justifie, lorsqu'ils sont efficaces, à la seule condition qu'elle ne fasse pas obstacle à l'objectif de dissuasion. Car les traitements ne sont généralement pas perçus comme une sanction désagréable et dissuasive et peuvent difficilement être imposés, dans la mesure où leur succès dépend du consentement de ceux qui y sont soumis[264]. Par conséquent, même si la plupart des traitements prévenaient la récidive individuelle à 100 % – ce qui est très loin d'être le cas – ils ne pourraient pas constituer à eux seuls une peine efficace, puisqu'ils ne parviendraient pas à dissuader les autres délinquants potentiels.

Il convient toutefois de tirer profit de l'efficacité relative de certains programmes dans la prévention de la récidive. Mais pour concilier la réhabilitation avec la

---

[262] Il ne s'agit pas pour autant de prendre parti pour un « utilitarisme de la règle ». Dans des cas sortant de l'ordinaire, en effet, il pourra être justifié de suspendre les règles de droit commun dès lors que le coût de leur application est tel qu'il surpasse le coût de leur suspension, c'est à dire leur perte de crédibilité.

[263] Voir HART, H. L. A., *op. cit.*, p. 11-12.

[264] Voir BAGARIC, Mirko, *op. cit.*, p. 157.

dissuasion générale, il conviendrait d'appliquer ces programmes le plus souvent en milieu carcéral. Les peines de prison prononcées dans un but de dissuasion générale pourraient ainsi être complétées, selon les besoins du détenu, par les traitements les plus appropriés. Et lorsque ceux-ci sont plus efficaces en dehors de la prison, ils pourraient être imposés lors de la libération conditionnelle, ce qui permettrait d'allier dissuasion et réinsertion.

En outre, étant donné que certains programmes sont dénués de toute efficacité, il paraît nécessaire d'évaluer chacun d'entre eux avec rigueur avant de les appliquer ou de les reconduire. Un bon exemple de ce qu'il ne faut pas faire est donné par Raymond Gassin, qui rapporte qu'une campagne a été lancée en 1994 par le ministère de la justice en faveur du Travail d'Intérêt Général (TIG), pour fêter l'anniversaire de sa création en 1984, sans qu'aucune recherche empirique ait été préalablement menée pour en évaluer l'efficacité[265]. L'absence d'une culture de l'évaluation et du résultat, propre à la tradition française, est également à l'origine de la persistance de traitements inefficaces, comme les cures psychanalytiques. Il serait pourtant urgent de les remplacer par les traitements qui ont été validés scientifiquement, comme les thérapies comportementales et cognitives.

La dissuasion individuelle devrait quant à elle simplement figurer parmi les bienfaits potentiels d'une peine prononcée à des fins de dissuasion générale. C'est pourquoi la condamnation avec sursis, qui est un instrument judiciaire de dissuasion individuelle, semble le plus souvent contre-productive. D'une part, en effet, son efficacité dans la prévention de la récidive n'est pas

---

[265] Voir GASSIN, Raymond, *op. cit.*, p. 583.

prouvée, et de l'autre, elle affaiblit la valeur dissuasive générale de la peine. En effet, la condamnation avec sursis n'est généralement pas considérée comme une punition : ceux qui la subissent ont le plus souvent le sentiment d'avoir été acquittés[266]. Au lieu de laisser penser que la première infraction est « gratuite », il conviendrait plutôt d'infliger pour chaque infraction une véritable peine, aussi légère soit-elle, comme par exemple l'amende.

La neutralisation doit elle aussi être davantage considérée comme un bienfait de la peine plutôt que comme un de ses objectifs. Car lutter efficacement contre la criminalité par ce seul biais impliquerait de neutraliser une partie considérable de la population, ce qui serait beaucoup trop coûteux humainement et financièrement. En outre, si la peine devait se réduire à cet objectif, il conviendrait d'assigner à résidence tous les détenus actuels plutôt que de leur imposer les souffrances de la prison. Mais ce serait alors négliger l'objectif de dissuasion, dans la mesure où l'assignation à résidence est nettement moins dissuasive que l'incarcération.

La neutralisation sélective peut paraître beaucoup plus avantageuse, mais comme nous l'avons observé, le nombre d'erreurs de prédiction constitue un obstacle à sa généralisation. En outre, s'appuyer sur le facteur de récidive le plus puissant, à savoir le nombre d'infractions précédemment commises, comporte le risque d'imposer inutilement de longues peines à des individus en fin de « carrière » criminelle, puisqu'il est établi que la fréquence de délinquance augmente en moyenne de

---

[266] Voir sur ce point BAGARIC, Mirko, *op. cit.*, p. 199-200.

l'adolescence jusqu'à 25 ans et chute ensuite de manière progressive[267].

Il n'en reste pas moins que la neutralisation sélective peut s'avérer nécessaire dans le cas des individus les plus dangereux, et notamment des criminels sexuels. La meilleure peine est alors celle qui combine une peine de détention ferme – nécessaire pour dissuader les autres criminels potentiels – avec une peine complémentaire de neutralisation. Cette dernière ne devrait pas avoir lieu en prison, dans la mesure où il existe des moyens efficaces de neutraliser un individu en dehors de l'incarcération, comme l'imposition d'un bracelet électronique mobile. Cette technologie ne constitue pas exactement un moyen de neutralisation, puisque le condamné est libre, en théorie, de commettre des crimes, mais le résultat est quasiment le même puisqu'il conduit celui qui le porte à anticiper une probabilité de condamnation de 100 % en cas de récidive[268].

Tout ceci indique que, en l'état actuel des connaissances, les effets de la réhabilitation, de la neutralisation et de la dissuasion spéciale sont soit insuffisants, soit confinés à certaines catégories de criminels. Comme le souligne M. Cusson, la dissuasion générale doit par conséquent être l'objectif principal de la peine : « Le système pénal contribue beaucoup plus à la sécurité des citoyens en prévenant la masse des crimes que pourraient commettre l'ensemble des gens qu'en contrôlant les délinquants qui ont fini par se faire prendre. La prévention spéciale est un bénéfice secondaire que l'on

---

[267] Voir GASSIN, Raymond, *op. cit.*, p. 345.

[268] A cet égard, les débats récents montrent à quel point certains magistrats sont peu conscients des effets dissuasifs de la peine. Serge Portelli a par exemple affirmé qu'un bracelet « n'a jamais empêché quiconque de commettre un crime sexuel, la pulsion est trop forte ». Entretien pour *Libération*, mardi 25 octobre 2005.

peut tirer de la sentence mais l'essentiel est d'empêcher le plus grand nombre de céder à la tentation »[269].

Les études empiriques mentionnées permettent également de déterminer quelles politiques pénales sont les plus souhaitables. La valeur dissuasive d'une hausse de la probabilité de condamnation montre tout d'abord que la politique de lutte contre la criminalité doit en priorité se concentrer sur l'amélioration du taux d'élucidation des délits. Pour réaliser un tel objectif, l'instrument le plus efficace est l'augmentation du nombre de policiers qui, comme on l'a vu, a un impact net sur la criminalité.

L'amélioration des techniques policières peut également conduire à une amélioration du taux d'élucidation. On cite ainsi souvent en exemple la réorganisation de la police new-yorkaise sous Rudolph Giuliani et son utilisation des technologies les plus modernes. Toutefois, même si ces réformes ont probablement eu des effets non négligeables, il est exagéré d'en faire le facteur décisif de la chute impressionnante de la criminalité à New-York. Non seulement d'autres villes ont connu une diminution similaire de la criminalité sans recourir aux mêmes méthodes, mais l'instauration de ces dernières a été accompagnée à New York d'une augmentation des effectifs de police de 45 %[270].

L'augmentation des effectifs de police se heurte toutefois à deux limites : il s'agit d'une mesure coûteuse financièrement et à terme préjudiciable aux libertés,

---

269 CUSSON, Maurice, *Pourquoi punir ?, op. cit.*, p. 149.

270 Voir LEVITT, Steven D, « Understanding Why Crime Fell in the 1990s : Four Factors That Explain the Decline and Six That Do Not », *Journal of Economic Perspectives*, 18 (1), 2004, p. 173.

lesquelles sont un élément important du bien-être individuel ; et l'augmentation du taux d'élucidation n'est pas réellement dissuasive si la probabilité de *condamnation* reste faible. Autrement dit, si les juges rechignent à condamner ceux dont la culpabilité est établie, l'institution pénale demeurera faiblement dissuasive.

En France, la probabilité pour un délinquant d'être condamné est ainsi fortement réduite par le système judiciaire. Selon Sebastian Roché, la justice a classé sans suite au cours des années 1990 environ la moitié des affaires dans lesquelles la victime a porté plainte et l'auteur a été identifié[271]. Il s'agit en partie de cas où la police n'a pas réuni assez d'éléments, mais la cause principale de ce chiffre est selon lui la saturation du système pénal conduisant les juges à se concentrer sur les infractions les plus graves. Roché en conclut que les vols inférieurs à 100 euros, voire même à 250 euros sont *de facto* dépénalisés dans les grandes agglomérations.

En outre, lorsque la justice ne classe pas l'affaire, les peines ne sont pas nécessairement exécutées. D'après les chiffres du ministère de la Justice, un an après le prononcé de la peine, 37 % des peines de prison, 52 % des peines d'emprisonnement avec sursis total et mise à l'épreuve, et 43 % des TIG ne sont pas exécutés[272]. Au final, la probabilité de condamnation en est fortement diminuée, ce qui réduit d'autant la valeur dissuasive du système pénal. Rétablir la certitude de la peine constitue donc un moyen efficace et probablement peu coûteux pour lutter contre la criminalité.

---

[271] Voir ROCHÉ, Sebastian, « La répression en panne », in S. Roché (sous la dir.), *En quête de sécurité : causes de la délinquance et nouvelles réponses*, Paris : Armand Colin, 2003, p. 213-227.
[272] *Ibid.*

La valeur dissuasive de la peine ne provient pas seulement de la probabilité de condamnation, mais également de sa sévérité. On peut ainsi tirer deux conclusions de l'étude susmentionnée montrant que de mauvaises conditions de vie en prison exercent un effet dissuasif sur les délinquants potentiels. En premier lieu, cette étude ne signifie pas qu'il soit injustifié d'essayer d'améliorer le sort des détenus. L'effet dissuasif a beau être statistiquement significatif, il est globalement faible puisque le déclin du taux de mortalité dans les prisons américaines n'expliquerait que 2 à 3 % de l'augmentation totale de la criminalité entre 1950 et 1990[273]. La souffrance supplémentaire imposée aux détenus vivant dans de mauvaises prisons est donc très excessive au regard des gains éventuels en termes de prévention de la criminalité.

D'un point de vue utilitariste, l'amélioration des conditions de vie dans les prisons françaises devrait au contraire constituer un thème d'action urgent pour l'Etat. Il s'agit moins d'éviter que la prison ne soit criminogène que de faire preuve d'humanité à l'égard des détenus en supprimant une souffrance largement inutile. La poursuite de cet objectif semble passer par la construction de nouvelles prisons, de manière à réduire la surpopulation carcérale. Ce type de mesure est certes impopulaire chez les adversaires de la prison, mais le statu quo qu'ils favorisent conduit paradoxalement à une détérioration de la vie des détenus.

La seconde conclusion que l'on peut tirer de l'étude de Levitt est que la prison reste nécessaire pour la grande majorité des infractions graves. Comme la peine doit être désagréable pour être dissuasive, un certain scepticisme

---

[273] Voir LEVITT, Steven D., KATZ, Lawrence et SHUSTOROVICH, Ellen, « Prison Conditions, Capital Punishment, and Deterrence », *American Law and Economics Review*, 5 (2), 2003, p. 340.

doit prévaloir quant à l'utilité véritable de la plupart des alternatives à l'incarcération. Car s'il n'est pas impossible que la prison soit criminogène pour celui qui la subit, les études mentionnées suggèrent que son effet dissuasif global surpasse largement cet effet éventuel. C'est pourquoi la probation, le sursis avec mise à l'épreuve ou le Travail d'intérêt général doivent faire l'objet d'une évaluation sans complaisance.

Si la prison est nécessaire, l'imposition de longues peines semble toutefois inutile. Même si les études mentionnées semblent montrer qu'il existe un lien entre le quantum de la peine et le niveau de la criminalité, l'approche utilitariste exige des peines de prison aussi courtes que possibles. En effet, l'impact dissuasif des longues peines est trop faible pour pouvoir aboutir à l'équation idéale d'une baisse de la criminalité *et* de la population carcérale. Ainsi, l'exemple paradigmatique exposé en première partie, dans lequel l'allongement de la peine pouvait permettre de diminuer le nombre d'infractions au point de n'imposer que quatre ans de prison à 10 personnes plutôt qu'un an à 250 personnes, n'est pas vraiment réaliste.

Il convient également de rappeler que l'imposition de longues peines pour des infractions d'une gravité modérée peut être contre-productive, puisque les peines jugées disproportionnées sont rarement prononcées par les juges et qu'elles minent le respect de la population pour l'institution pénale, lequel est un élément important de son efficacité[274].

L'augmentation de la longueur des peines ne devrait donc avoir lieu que lorsque le caractère insuffisamment dissuasif de la peine existante est empiriquement avéré.

---

[274] Voir ROBINSON, Paul H. et DARLEY, John M., « The Role of Deterrence in the Formulation of Criminal Law Rules : At Its Worst When Doing Its Best », *Georgetown Law Journal*, 91, 2003, p. 949-1002.

Certaines dispositions pénales peuvent en effet avoir des effets inattendus, comme le montre l'exemple du « *felony-murder* » aux Etats-Unis. Cette règle énonce que tout décès survenant lors d'une infraction rend son auteur passible de poursuites pour homicide volontaire, même s'il n'en est pas l'auteur intentionnel. L'objectif de cette loi est double : il s'agit à la fois de dissuader les délinquants d'être armés lorsqu'ils commettent des infractions, et de dissuader les infractions en général en les rendant plus risquées. Or une étude rigoureuse a montré que cette règle a effectivement diminué le nombre total de vols commis, mais qu'elle a paradoxalement – et de manière inexpliquée – conduit à une augmentation de la proportion de meurtres commis à l'occasion d'un vol[275].

Par ailleurs, les peines particulièrement longues, comme la réclusion criminelle à perpétuité, semblent excessives, quel que soit le crime commis, dans la mesure où l'effet dissuasif marginal de chaque année de prison supplémentaire sur l'ensemble des délinquants potentiels est décroissant. On peut ainsi douter que l'effet dissuasif d'une peine de 15 ans soit inférieur de moitié à celui d'une peine de 30 ans. Cela pourrait justifier de commuer les très longues peines en des mesures de neutralisation – comme l'assignation à résidence – au bout d'une vingtaine d'années.

Le rôle des victimes dans le processus pénal

Le rôle de la victime dans le procès pénal a considérablement évolué au cours des trente dernières années dans les sociétés occidentales, au point que l'on a

[275] Voir MALANI, Anup, « Does the Felony-Murder Rule Deter Crime ? Evidence from FBI Crime Data », à paraître dans le *Journal of Legal Studies*.

parlé d'une « irruption » de la victime dans un processus dont elle a longtemps été exclue. Ce mouvement a été accompagné par le développement d'une nouvelle philosophie de la peine, « justice restaurative » ou « justice reconstructive »[276], qui place la victime au centre de la justice pénale et qui se présente parfois comme une alternative aux objectifs traditionnels de la peine.

L'évolution concrète du système judiciaire et le mouvement philosophique qui l'a accompagnée doivent par conséquent être analysés avec attention. Un tel examen peut ainsi s'appuyer sur l'analyse benthamienne du rôle de la victime : « [La punition] a une tendance naturelle à atteindre un but pour ainsi dire collatéral, qui consiste à fournir un plaisir ou une satisfaction à la partie lésée, quand il y en a une, et, en général, aux parties dont la malveillance a été suscitée par l'infraction, que ce soit pour des raisons personnelles ou pour des raisons de sympathie ou d'antipathie. Dans la mesure où on peut le remplir *gratuitement*, cet objectif est bénéfique. Mais il ne faut attribuer aucune punition pour cette simple raison, parce que (si l'on met de côté les effets qu'elle produit en termes de contrôle) une punition ne peut jamais produire un plaisir de ce genre qui soit équivalent à la douleur qu'elle cause »[277].

On peut moderniser ce raisonnement utilitariste de la manière suivante : tant que le réconfort psychologique ou la réparation matérielle peut être apportée aux victimes à moindre coût, tout peut être mis en œuvre pour que cela soit fait. En revanche, la sollicitude accordée à la victime ne doit pas se faire au détriment de l'objectif de

---

[276] Voir GARAPON, Antoine, « La justice reconstructive », in A. Garapon, F. Gros et T. Pech, *Et ce sera justice : punir en démocratie*, Paris : Odile Jacob, 2001.

[277] BENTHAM, Jeremy, *Introduction to the principles of morals and legislation*, *op. cit.*, p. 158 (traduction M.-L. Leroy) .

dissuasion générale et ne doit pas conduire à aggraver le sort du condamné. Ces éléments permettent ainsi de distinguer, dans l'attention croissante accordée aux victimes, ce qui constitue un progrès de ce qui pourrait être néfaste.

L'approche normative qui sous-tend l'évolution actuelle est globalement compatible avec l'utilitarisme. La justice restaurative s'appuie en effet sur la souffrance concrète des individus plutôt que sur des principes abstraits. Elle insiste ainsi sur le fait que le véritable tort d'une infraction est le préjudice infligé à la victime, alors que le droit classique estimait que la faute consistait en la violation de la loi – ce qui justifiait d'exclure les victimes du procès. Axée sur la souffrance, la justice restaurative est en outre conséquentialiste puisque la « moralité » du coupable est reléguée au second plan ; l'immoralité de son acte, selon Garapon, « est à rechercher moins dans une intention mauvaise ou dans un trouble à l'ordre public que dans ses conséquences préjudiciables »[278]. La justice restaurative est donc résolument tournée vers l'avenir : il s'agit de réparer le préjudice, de restituer à la victime son estime de soi, et de réintégrer l'auteur de l'infraction dans la communauté.

Cette approche de la justice pénale a conduit au développement d'une branche de la criminologie jusqu'alors inexistante, nommée « victimologie ». Des études empiriques se sont ainsi multipliées sur divers aspects liés à la victime, comme par exemple l'examen de l'impact psychologique des différentes infractions sur les victimes[279]. Ces études sont particulièrement bienvenues

[278] GARAPON, Antoine, « La justice reconstructive », *op. cit.*, p. 253.

[279] Voir GROENHUIJSEN, M.S., BRIENEN, M.E.I., et HOEGEN, E.H., « Evaluation and Meta-Evaluation of the Effectiveness of Victim-Oriented Legal Reform in Europe », *Criminologie*, 33 (1), 2000, p. 121-144.

d'un point de vue utilitariste, puisqu'elles permettent de vérifier que les moyens juridiques, financiers et humains sont concentrés sur les infractions qui causent les préjudices les plus graves – et non sur celles qu'on aurait tendance à juger les plus blâmables.

La conséquence la plus importante du mouvement favorable aux victimes dans les sociétés occidentales est toutefois la meilleure prise en compte de leurs besoins à tous les stades du processus pénal. Les services de police ont ainsi été encouragés à améliorer l'accueil réservé aux victimes, et en particulier à leur fournir des informations complètes et précises sur leurs droits – assistance juridique, indemnisation, etc. Lors de la phase judiciaire, l'existence et le rôle d'associations ou de services d'aide aux victimes ont été reconnus, ce qui a permis à celles-ci d'obtenir un soutien et une meilleure information sur leurs droits. La loi française du 15 juin 2000 est un bon exemple de ce processus puisqu'elle dispose que l'autorité judiciaire « veille à l'information et à la garantie des droits des victimes au cours de toute procédure pénale »[280].

Un autre développement opportun d'un point de vue utilitariste est l'amélioration de l'indemnisation des victimes. Celle-ci peut être le fait de l'auteur du préjudice lorsqu'il est condamné à une réparation financière, mais elle est également possible lorsque l'auteur n'est pas connu ou qu'il est insolvable. La France a par exemple mis en place des Commissions d'indemnisation des victimes d'infraction (CIVI), destinées à dédommager les victimes d'atteintes corporelles, même en l'absence d'auteur identifié.

---

[280] Voir, sur le site du ministère de la justice, la page suivante : www.justice.gouv.fr/publicat/dvictimes1.htm.

Une nouvelle forme de résolution des conflits s'est également développée dans les pays occidentaux. Il s'agit d'un processus de médiation entre la victime et l'auteur du délit, destiné à favoriser la réparation matérielle ou symbolique d'une part, et la réintégration de l'auteur de l'autre. Ce type de médiation constitue l'archétype de la justice restaurative, puisque ses objectifs comportent la restitution des objets volés, la réparation, la réconciliation, la formulation d'excuses etc. L'efficacité de ce type de médiation est sujette à caution, mais il n'est pas impossible qu'elle soit réelle dans le cas de délits de faible gravité ou des délits commis par des mineurs. Le face-à-face, sous le contrôle d'un médiateur, peut conduire à restaurer la confiance en soi de la victime, et à faire prendre conscience à l'auteur de l'infraction de la souffrance qu'il a causée, de manière à ce qu'il ne récidive pas.

Toutes ces évolutions sont globalement conformes à l'approche utilitariste, car elles permettent d'améliorer nettement le sort des victimes sans déployer des moyens excessifs. Seule la médiation pénale a des effets incertains, mais tant que ces actions restauratives sont confinées à des délits qui n'auraient pas été traités par la justice pénale du fait de leur faible gravité ou de l'âge de l'accusé, leurs conséquences ne peuvent être que positives. Loin d'être un nouveau paradigme qui dépasserait les fonctions traditionnelles de la peine, la justice restaurative appliquée de la sorte s'intègre ainsi parfaitement à l'approche utilitariste, laquelle prend en compte par définition l'impact du processus judiciaire sur tous les individus concernés, y compris les victimes.

Cependant, l'importance accordée aux victimes et aux actions restauratives peut également conduire à des recommandations contraires dans les faits, sinon dans les objectifs, à l'approche utilitariste. En effet, les partisans de la justice restaurative se fondent en général sur des présupposés empiriques erronés au regard des études mentionnées. D'une part ils sous-estiment la valeur dissuasive de la peine traditionnelle, ce qui les conduit à négliger l'objectif de dissuasion ; d'autre part, ils tendent à surestimer l'efficacité des actions restauratives. Antoine Garapon discerne ainsi à juste titre un certain angélisme chez ces philosophes qui « postulent un citoyen vertueux, un agresseur repentant et une victime compatissante, qui a su taire en elle tout désir de vengeance, à la différence du droit pénal traditionnel qui se fonde sur l'hypothèse du *bad man* »[281].

La justice restaurative paraît ainsi davantage fondée sur des spéculations philosophiques que sur des études psychologiques rigoureuses. Antoine Garapon est lui-même sujet à ce reproche lorsqu'il propose plusieurs interprétations non vérifiées de l'impact du préjudice et des effets de la médiation. Il prétend par exemple que le mal du crime résulte de l'inégalité créée entre son auteur et la victime. Selon lui, le crime est ainsi toujours « *in fine* le signe d'un mépris de la victime »[282] et peut s'apparenter à un déni d'humanité. Il en conclut que le rôle de la justice est de réaffirmer l'égalité de principe entre les individus et de réattester la valeur de la victime. L'ensemble de ces affirmations sont symptomatiques d'une confiance excessive en la valeur de propositions philosophiquement élégantes. Car ce que ressentent les victimes et ce dont elles ont besoin pour dépasser ce qu'elles ont subi doit être établi par des études psychologiques, et non par ce type de spéculations.

---

[281] GARAPON, Antoine, « La justice reconstructive », *op. cit.*, p. 323.
[282] *Ibid.*, p. 283.

Certaines des affirmations de Garapon sont toutefois plausibles et testables, comme l'idée selon laquelle les victimes des abus sexuels causés par un proche désirent moins l'incarcération de celui-ci que la condamnation officielle de son acte. Mais Garapon ne renvoie le lecteur à aucune étude existante. De même, lorsque le défenseur de la justice restaurative Lode Walgrave prétend que le travail d'intérêt général permet à la communauté de se voir « restaurée par les bénéfices matériels et par le geste pacifiant du délinquant »[283], on est en droit de demander sur quelles données il s'appuie. Car la proposition empirique inverse est tout aussi plausible : il se peut que le TIG ne satisfasse pas une communauté qui préfère des sanctions plus sévères.

Les effets potentiels d'une approche restaurative « maximaliste » peuvent en outre s'avérer désastreux. S'il est important de traiter la victime avec respect et bienveillance lors du procès, une sollicitude trop grande pourrait perturber le cours de la justice. Par exemple, s'interdire de mettre en doute la parole de la victime au nom de sa souffrance peut conduire à mettre en péril l'établissement des faits et déboucher sur des accusations sans fondement. Garapon reconnaît ainsi que la « procédure pénale est ajustée à l'établissement d'une culpabilité, non à la reconnaissance des victimes. Lui ajouter cette autre finalité peut perturber gravement le fonctionnement du procès »[284].

Le risque majeur est toutefois de prendre en compte le désir de la victime dans le prononcé de la peine ou dans son exécution. Cet élément est contraire à l'utilité de la peine parce que, dans le cas d'un désir répressif, la satisfaction de la victime de constater que la peine est

---

[283] WALGRAVE, Lode, « La justice restaurative : à la recherche d'une théorie et d'un programme », *Criminologie*, 32 (1), 1999, p. 19.

[284] GARAPON, Antoine, « La justice reconstructive », *op. cit.*, p. 302.

conforme à ses vœux ne paraît pas comparable à la souffrance que représente pour le condamné des années d'incarcération supplémentaires. De même, en cas d'indulgence excessive, le mal causé par les infractions qui ne seront pas dissuadées pèse davantage que la satisfaction éventuelle de la victime.

Lorsque Garapon suggère que la victime pourrait exercer sa « grâce à l'encontre de son agresseur » et se montrer ainsi « éthiquement supérieure à lui, en renonçant à lui infliger le même sort »[285], il renonce à l'objectif de dissuasion générale de la peine. Inversement, s'il est probablement bénéfique d'informer la victime de l'exécution de la peine de son agresseur, il n'est certainement pas souhaitable de lui donner le droit de s'opposer à une libération conditionnelle.

Enfin, on ne peut que s'inquiéter de voir certains partisans de la justice restaurative souhaiter étendre la médiation pénale à la majorité des crimes et délits, et non pas seulement aux plus légers[286]. Non seulement la médiation possède de sérieuses limites puisqu'elle nécessite l'accord de la victime et la bonne volonté du criminel, mais elle ne saurait être généralisée pour deux raisons déjà évoquées : son effet sur la récidive individuelle est parfaitement inconnu et son effet en termes de dissuasion générale est vraisemblablement négatif.

---

285 *Ibid.*, p. 294

286 Voir WALGRAVE, Lode, *op. cit.*, p. 25.

Chapitre 10

Les limites des politiques fondées sur des intuitions non utilitaristes

L'approche utilitariste conduit souvent à des recommandations contre-intuitives. Les données naturalistes examinées en deuxième partie montrent que cela n'a rien de surprenant : si nos intuitions rétributives sont en partie biologiquement déterminées, il est naturel que l'utilitarisme pénal paraisse à première vue inadéquat, voire scandaleux. Un examen attentif des conséquences de certains principes non utilitaristes intuitivement séduisants montre toutefois à quel point ceux-ci peuvent être mal avisés.

La question de l'individualisation des peines

L'individualisation des peines est un principe fondamental du droit pénal français. Le juge possède une marge de manœuvre très importante dans le prononcé des peines, puisque, depuis l'avènement du nouveau Code pénal en 1993, la loi ne prévoit que des peines plafond. En matière correctionnelle, le juge peut ainsi descendre jusqu'à un jour d'emprisonnement et un euro d'amende.

L'individualisation des peines est intuitivement attrayante dans la mesure où nous tendons spontanément à penser que la peine doit être adaptée à la valeur morale du condamné. Une des raisons pour lesquelles les magistrats français Salas et Lameyre s'insurgent contre une détermination législative stricte des peines est que la justice deviendrait alors « un simple outil de répression du crime en ôtant aux juges tout jugement moral »[287]. Associé à Antoine Garapon dans *La République pénalisée*, Salas stigmatise en des termes similaires l'émergence « d'un nouveau langage criminologique qui laisse de côté l'intérêt clinique traditionnel à l'égard de l'individu pour se consacrer de plus en plus à une approche de type économique, en prenant le modèle de l'assurance pour référent (...). Toute connotation morale, tout discours sur le mal sont bannis, l'aseptisation politique est totale. La déshumanisation n'est plus le fait d'un Etat qui écrase et contrôle l'intériorité, mais d'un monstre froid qui traite le crime comme un risque naturel »[288].

Bien que ce type de discours anti-utilitariste puisse être spontanément séduisant, la valeur morale des individus ne saurait constituer, pour les raisons énoncées en deuxième partie, un critère valide du prononcé de la peine.

L'attrait de l'individualisation des peines repose également sur des croyances empiriques erronées. En effet, si la valeur dissuasive de la peine était faible et si la réhabilitation était efficace, l'individualisation serait justifiée d'un point de vue utilitariste. L'attachement français à l'individualisation de la peine doit donc probablement beaucoup à la prévalence de l'idéal réhabilitatif.

L'objectif de réhabilitation permet de surcroît aux juges de prendre en compte certains critères « moraux », comme l'expression par l'accusé de regrets sincères, ceux-ci pouvant être le signe d'un besoin plus ou moins

---

[287] SALAS, Denis et LAMEYRE, Xavier, préface de CHRISTIE, Nils, *L'industrie de la punition : prison et politique pénale en Occident*, Paris : Ed. Autrement, 2003, p. 8.
[288] GARAPON, Antoine et SALAS, Denis, *La République pénalisée*, Paris : Hachette, 1996 p. 118.

grand de réinsertion. Cependant, comme l'objectif de dissuasion générale doit être prédominant dans le prononcé des peines, de tels critères ne semblent avoir aucune validité. Le passé familial, l'engagement associatif ou le niveau d'éducation de l'accusé pourraient être des éléments recevables s'il s'agissait de déterminer la nature du traitement adapté, mais puisque l'objectif de réhabilitation ne peut qu'être secondaire, l'importance de tels éléments doit être relativisée.

Une raison supplémentaire de restreindre la marge de manœuvre des juges est qu'ils ont naturellement tendance, comme l'explique Posner, à sous-estimer l'objectif de dissuasion générale de la peine, car les individus qui subiront une agression dans le futur si la peine est insuffisante ne sont que des statistiques, tandis que l'accusé, lui, est bien présent dans son box[289]. Il est donc naturel que les juges aient du mal à percevoir l'utilité d'ajouter le mal de l'emprisonnement au mal déjà commis, lorsque l'accusé ne paraît pas avoir besoin d'être réhabilité, neutralisé ou dissuadé.

Bien que ces arguments suffiraient, d'un point de vue utilitariste, à revenir sur la forte individualisation des peines à la française, on peut également signaler les effets pervers du système actuel. Il manque en effet fondamentalement de cohérence, puisque les juges n'ont pas l'obligation de s'appuyer sur une théorie particulière ou sur des objectifs spécifiques pour fonder leurs jugements. Ils savent que la peine est censée pouvoir se justifier par la rétribution, la réhabilitation, la dissuasion ou la neutralisation, mais ils peuvent combiner ces différents objectifs comme ils l'entendent, sans

---

[289] Voir POSNER, Richard, « An Economic Theory of the Criminal Law », *op. cit.*, p. 1213.

nécessairement avoir l'expertise scientifique pour le faire. Ils sont donc incités à fonder leur jugement sur leurs intuitions ou sur les jugements précédents de leurs collègues. Au total, aucune justification systématique et cohérente ne peut être donnée de l'ensemble des jugements pénaux rendus en France.

Il en résulte naturellement une très forte disparité des jugements sur des cas pourtant similaires. Aucune étude ne semble avoir été menée en France sur cette disparité, mais une étude du *Prison Reform Trust* en Grande-Bretagne en 1997 montre à quel point les jugements peuvent être disparates lorsque les juges disposent d'une marge de manœuvre importante. Par exemple, les criminels du Sunderland ont cinq fois plus de chances d'être emprisonnés pour un vol de voiture que ceux jugés près de Newcastle[290]. De même, Robinson cite une étude menée en 1973 aux Etats-Unis montrant notamment que la peine moyenne fédérale pour un braquage de banque était de 11 ans, tandis qu'elle n'était que de 5,5 ans dans le District d'Illinois du Nord.

Il est enfin intéressant de noter que le caractère discrétionnaire du jugement autorise la prise en compte consciente ou inconsciente de caractéristiques totalement dénuées de pertinence. Une étude récente réalisée en Alabama a ainsi montré que certaines caractéristiques personnelles de la *victime* – en particulier son origine ethnique et son genre – influençaient considérablement le jury[291]. Lorsque les victimes ont un casier judiciaire, lorsqu'elles sont du sexe masculin ou lorsqu'elles sont noires, les peines prononcées à l'encontre des accusés sont plus légères. Par exemple, lorsque des hommes tuent

---

[290] Voir BAGARIC, Mirko, *op. cit.*, p. 18.

[291] Voir GLAESER, Edward L. et SACERDOTE, Bruce, « The Determinants of Punishment : Deterrence, Incapacitation and Vengeance », Harvard Institute of Economic, Research Paper n°1894, avril 2000.

une femme plutôt qu'un homme, ils se voient infliger une peine de 4,2 ans plus longue en moyenne. Et même dans les cas d'homicides involontaires provoqués par un accident de voiture, l'origine ethnique et le genre de la victime influent sur la durée de la peine[292].

On peut déduire de tous ces éléments que les réformes américaines qui ont considérablement réduit la marge de manœuvre des juges doivent être réévaluées. Alors qu'elles sont généralement comprises en France comme le triomphe de la doctrine rétributive du « juste dû », elles peuvent également se justifier par l'utilitarisme, c'est à dire l'approche normative qui lui est la plus opposée.

Les Etats-Unis ont ainsi instauré des lignes directrices sur la détermination de la peine (*sentencing guidelines)* dans près de la moitié des Etats et au niveau fédéral[293]. Le contenu de ces lignes directrices varie selon les juridictions, mais leur principe est identique. Elles fixent pour chaque infraction une peine présumée que le juge est tenu d'appliquer, sauf s'il invoque des circonstances aggravantes ou atténuantes, dont le nombre et le contenu sont strictement encadrés.

Ces lignes directrices se présentent sous la forme de grilles sur lesquelles sont inscrits verticalement le niveau de gravité de l'infraction, et horizontalement le passé

---

[292] Glaeser interprète ces résultats de la manière suivante : selon lui, les jurés auraient tendance à augmenter la peine lorsqu'ils perçoivent la victime comme « innocente ». Les dommages infligés aux femmes seraient ainsi plus sévèrement punis parce qu'elles sont perçues comme plus innocentes que les hommes. Cette hypothèse est soutenue par le fait que l'aggravation des sanctions lorsque la victime est une femme est bien moindre lorsque cette femme est une prostituée.

[293] Voir LANDREVILLE, Pierre, « Va-t-on vers une américanisation des politiques de sécurité en Europe ? », in L. Muchielli et P. Robert, (sous la dir. de), *Crime et sécurité, l'état des savoirs*, Paris : La Découverte, 2002, p. 424-433.

judiciaire du prévenu[294]. Le juge doit alors lire la peine inscrite pour le cas qui lui est présenté. Le choix est restreint puisque les fourchettes de peine proposées sont très étroites : il ne doit pas y avoir plus de 6 mois – ou 25 % de la peine – entre le minimum et le maximum[295]. L'existence de cas sortant de l'ordinaire n'est pas négligée pour autant, car le juge peut, en dehors même des circonstances prévues par la loi, s'écarter de la fourchette prévue, à condition de motiver son jugement, et sous le contrôle de la juridiction d'appel.

Le principal défaut de cette réforme est que les fourchettes de peine n'ont pas été choisies sur le fondement de critères utilitaristes. Pour éviter d'éventuels conflits normatifs, la commission chargée d'établir la grille des peines s'est contentée de codifier la moyenne des peines prononcées sur un échantillon de procès fédéraux, plutôt que de déterminer chaque peine en fonction d'objectifs précis et de données empiriques sur ses effets.

Outre les « sentencing guidelines », les Etats-Unis ont également réduit la marge de manœuvre des autorités chargées de l'exécution des peines. Le sursis avec mise à l'épreuve dont pouvaient bénéficier les détenus à mi-parcours a ainsi été réformé de manière à ce que tous les détenus purgent au minimum 85 % de leur peine. Le système précédent ne se justifiait pas du point de vue de l'objectif de dissuasion générale, et posait en outre des problèmes de crédibilité pour l'institution pénale, puisque les peines réellement purgées étaient extrêmement différentes des sentences prononcées, ce que le public a

---

[294] Voir PRADEL, Jean, *Droit pénal comparé,* Paris : Dalloz, 2002, p. 686-89.
[295] *Ibid.*

rapidement réalisé[296]. On peut toutefois remarquer que ce système a, pendant un court moment, été extrêmement efficient d'un point de vue utilitariste. Avant que le public n'adapte ses anticipations, en effet, la peine perçue était bien supérieure à la peine réelle. Or, comme l'a souligné Bentham, c'est la peine apparente « qui remplit la fonction d'exemplarité, ce qui est l'objectif principal », tandis que la punition réelle « produit tout le dommage »[297].

Aucun pays en dehors des Etats-Unis n'a adopté de lignes directrices légalement contraignantes, mais des grilles directrices de portée consultative existent en Grande-Bretagne. Aux Pays-Bas, des barèmes établis par des agences indépendantes sont simplement *proposés* aux juges, mais des études montrent qu'ils ont diminué les disparités de manière significative[298].

Les peines fixes – ou les fourchettes précises – ont mauvaise presse car on a tendance à les associer à un système pénal sévère. Mais il n'existe aucun lien nécessaire entre la détermination d'un barème précis et l'imposition de lourdes peines ; il semble au contraire que les gains dissuasifs d'un tel système pourraient permettre d'abaisser le niveau des peines. Les lignes directrices permettent en effet de faciliter la connaissance par la population de la loi pénale, alors que dans le système français actuel, il est extrêmement difficile de savoir quelle peine est applicable, même pour les infractions les

---

[296] Voir ROBINSON, Paul, H., « One Perspective on Sentencing Reform », 8, *Criminal Law Forum*, 1997, p. 1-41.

[297] Voir BENTHAM, Jeremy, *Introduction to the principles of morals and legislation, op. cit.*, p. 178 (traduction M.-L. Leroy).

[298] Voir FRASE, Richard S., « Comparative Perspectives on Sentencing Policy and Research », in M. Tonry et R. Frase (ed.), *Sentencing and Sanctions in Western Countries*, New York : Oxford University Press, 2001, p. 259-293.

plus courantes. En outre, les peines planchers, même très légères, renforcent la crédibilité dissuasive de l'institution pénale, en diminuant l'incertitude propre aux peines discrétionnaires et en augmentant la probabilité de condamnation[299].

Les intuitions sur la responsabilité, sources d'une indulgence excessive

L'approche utilitariste ne nous conduit pas seulement à relativiser la valeur du principe intuitivement séduisant de l'individualisation des peines ; elle nous incite également à renoncer à fonder la responsabilité pénale sur le concept de responsabilité morale – dont nous avons montré l'incohérence en deuxième partie. Fonder la peine sur la responsabilité morale peut en effet conduire à renoncer à condamner des individus qui devraient l'être du point de vue de l'utilité publique.

Il n'est pas douteux que l'idée même de responsabilité morale paraîtra de plus en plus obsolète à mesure que les neurosciences montreront que l'ensemble de nos comportements sont déterminés par des processus biophysiques. Cependant, les découvertes biologiques tendent pour le moment à être instrumentalisées dans un sens contraire à la raison et à l'utilité publique. Comme l'indique Robert Wright, en effet, « chaque fois que l'on découvre qu'une conduite repose sur une réaction chimique, quelqu'un essaie de la retrancher du domaine

[299] Les courtes peines de prison sont parfois critiquées au motif que leur durée serait trop faible pour permettre de réhabiliter le condamné, mais suffisamment longue pour transformer un petit délinquant en un caïd dangereux. Toutefois, le premier écueil n'en est pas un puisque l'objectif de réhabilitation n'est pas un objectif prioritaire, et le second peut être évité en séparant nettement les condamnés à de courtes peines des autres détenus.

de la volonté »[300]. Il signale ainsi que des femmes ont invoqué devant des tribunaux américains un « syndrome prémenstruel » pour atténuer leur responsabilité, et il se demande non sans humour, avec les psychologues évolutionnistes Daly et Wilson, si les avocats des meurtriers n'invoqueront pas un jour le taux élevé de testostérone de leurs clients.

Plutôt que d'élargir le domaine de l'irresponsabilité pénale à chaque découverte biologique et d'affaiblir ainsi sans raison valable les effets dissuasifs de la peine, il paraît nécessaire de refonder la responsabilité pénale sur la capacité à être dissuadé : « Ainsi, lorsqu'une femme battue ou violée par son mari le tuerait ou le mutilerait, la question ne serait pas de savoir si elle est victime d'une 'maladie' appelée 'syndrome de la femme battue'. Et lorsqu'un homme tuerait l'amant de sa femme, il ne s'agirait pas de savoir si la jalousie est une 'aliénation temporaire'. Dans les deux cas, la question serait de savoir si le châtiment va empêcher ces gens, ou quiconque se trouverait dans semblable situation, de commettre des crimes à l'avenir. Bien qu'il soit impossible de répondre avec exactitude à cette question, elle se révèle plus pertinente que celle de la volonté et a, qui plus est, le mérite de ne pas s'ancrer dans une vision du monde démodée »[301].

Les débats gagneront en pertinence et en utilité lorsqu'on ne se demandera plus si l'accusé aurait pu agir autrement, mais si la perspective d'être sanctionné diminue ou non le risque qu'un individu dans son état ne commette l'infraction.

---

[300] WRIGHT, Robert, *op. cit.,* p. 339.

[301] *Ibid.*, p. 342

Nos intuitions de justice sont également néfastes lorsqu'elles nous conduisent à vouloir atténuer la responsabilité pénale des individus placés dans des conditions socio-économiques défavorables. La justification la plus sophistiquée de ces intuitions a été formulée par Hart : selon lui, emprisonner un individu dans le but de dissuader d'autres individus n'est acceptable que si l'on montre que l'accusé aurait pu ne pas commettre l'infraction[302]. Pour le montrer, il faudrait se demander contre-factuellement si l'individu avait les capacités matérielles et mentales de ne pas faire ce qu'il a fait, et s'il avait une possibilité raisonnable (« *fair opportunity* ») d'exercer ces capacités[303]. Si l'on répond à la deuxième question par la *négative*, en montrant par exemple que d'autres individus placés dans des circonstances analogues ont également eu tendance à commettre l'infraction, cela signifierait que l'individu ne devrait pas être sanctionné.

Ce raisonnement a pu être appliqué aux personnes défavorisées dans la mesure où celles-ci sont placées dans des conditions économiques et sociales qui semblent restreindre leur capacité à effectuer de véritables choix[304].

Bien qu'il soit intuitivement séduisant, ce raisonnement paraît inadéquat, car il repose sur l'idée erronée selon laquelle certains individus auraient plus de

---

[302] Voir HART, H. L. A., *op. cit.*, p. 207.

[303] Ce qui compte, c'est que « ceux que nous punissons aient possédé, au moment où ils ont agi, les capacités normales, à la fois physiques et mentales, qui leur permettent de s'abstenir de faire ce que la loi interdit, ainsi qu'une chance équitable d'exercer ces capacités ». HART, H. L. A., *op. cit.*, p. 152, cité par GUILLARME, Bertrand, *Penser la peine,* Paris : Presses Universitaires de France, 2003, p. 87-88.

[304] Selon Bertrand Guillarme, « Il est plausible d'affirmer que des conditions économiques et sociales telles qu'elles réduisent l'attrait de l'option criminelle en offrant la perspective d'une vie satisfaisante dans le cadre du respect de la loi constituent une composante majeure de ces conditions [équitables] ». GUILLARME, Bertrand, *Penser la peine*, *op. cit.*, p. 111.

« choix » que d'autres. Comme nous l'avons montré, un voleur rationnel n'avait rétrospectivement pas plus de « possibilité raisonnable » de ne pas commettre son crime qu'un kleptomane, puisque ces deux actes sont soumis à un ensemble de causes sur lesquels l'agent n'a aucun pouvoir[305]. Cela signifie également, même si c'est contre-intuitif, qu'un grand patron coupable de détournements financiers n'a pas eu, rétrospectivement, davantage la possibilité d'agir autrement qu'un individu ayant volé un pain pour nourrir sa famille[306].

Le fait que des individus placés dans des conditions socio-économiques défavorables ont une probabilité plus élevée de commettre une infraction ne saurait donc *en soi* constituer un motif de les traiter différemment. Tant que les individus sont susceptibles d'être dissuadés par la sanction pénale, celle-ci est justifiée d'un point de vue utilitariste. Cela paraît d'autant moins scandaleux que les victimes de la délinquance appartiennent fréquemment aux populations défavorisées. Faire preuve d'une indulgence pénale excessive ne conduit qu'à une augmentation du nombre d'infractions commises et contribue par conséquent à détériorer la situation de ceux-là même qu'on prétend vouloir préserver.

---

[305] Cela ne signifie pas qu'il soit judicieux, de la part des pouvoirs publics, de mettre l'accent sur le caractère déterminé des choix des délinquants, même s'ils le sont incontestablement, car de tels discours peuvent avoir des effets néfastes, comme le souligne Wright : « Dire des choses du passé qu'elles étaient inexorables rend davantage les choses inexorables dans le futur. Dire aux gens qu'on ne va pas leur reprocher leurs erreurs passées, c'est rendre plus probable leurs erreurs futures ». WRIGHT, Robert, *op. cit.*, p. 345.

[306] Il existe néanmoins de bonnes raisons utilitaristes de ne pas sanctionner pénalement les individus qui commettent des vols dans des circonstances extrêmes de ce type. La sanction est tout d'abord inutile, car le risque d'être incarcéré ne peut être dissuasif quand il s'agit d'éviter de mourir de faim. Elle est ensuite néfaste, car ce type de vol tend à produire davantage de bien-être qu'il ne cause de dommage.

L'intuition selon laquelle il serait injuste de punir des individus défavorisés est également alimentée par la croyance selon laquelle le traitement pénal et le traitement « social » de la délinquance seraient deux options mutuellement exclusives. Cette opposition manichéenne entre la répression pénale et l'amélioration des conditions de vie est particulièrement nette dans le discours de Loïc Wacquant : « Car la véritable alternative au glissement vers la pénalisation de la misère, douce ou dure, reste la construction d'un Etat social européen digne du nom. Trois siècles et demi après sa naissance, le moyen le plus efficace de faire reculer la prison reste encore et toujours de faire avancer les droits sociaux et économiques »[307].

Or, d'un point de vue utilitariste, cette alternative n'a pas de sens. En effet, la lutte contre la pauvreté et le chômage est valable en elle-même, digne d'être poursuivie quels que soient ses effets sur le taux de criminalité. La souffrance produite par des conditions de vie difficiles est amplement suffisante pour que l'amélioration de celles-ci constitue un objectif utilitariste prioritaire. Il est donc *a fortiori* évident qu'une diminution de la criminalité est infiniment plus appréciable d'un point de vue utilitariste lorsqu'elle est obtenue par une diminution de la pauvreté et du chômage que lorsqu'elle est liée à une hausse de la répression.

Cependant, il est déraisonnable de penser que des réformes économiques et sociales pourraient suffire à supprimer la délinquance ordinaire, et encore moins les crimes les plus graves. Et dans l'hypothèse – totalement irréaliste – où certaines réformes sociales permettraient d'aboutir à une société dans laquelle la criminalité

[307] WACQUANT, Loïc, *Punir les pauvres : le nouveau gouvernement de l'insécurité sociale*, Marseille : Agone, 2004, p. 310.

disparaîtrait, la répression de la criminalité resterait désirable *en attendant* de parvenir à ce paradis, puisque les souffrances imposées par la peine sont, par définition dans un système utilitariste, inférieures aux souffrances infligées par la délinquance. Le levier pénal est donc désirable *toutes choses égales par ailleurs*, c'est dire quels que soient les efforts connexes pour réduire la criminalité.

Les intuitions rétributives, sources d'une sévérité excessive

Si le concept de responsabilité morale a pu conduire à une indulgence pénale excessive, il est indéniable que les intuitions non utilitaristes ont le plus souvent entraîné l'imposition de sanctions trop sévères. Bentham disait ainsi à juste titre du « principe de sympathie et d'antipathie », consistant à fonder ses jugements sur ses propres sentiments et non sur l'utilité publique, qu'il « est très susceptible de pécher par sévérité. Il est favorable à l'application d'une punition dans beaucoup de cas qui n'en méritent aucune et, dans beaucoup de cas qui méritent une punition, il est favorable à l'application d'une peine plus grande que celle qui est méritée »[308].

Un bon exemple contemporain de cette sévérité excessive causée par nos intuitions rétributives est celui des lois « two and three strikes » adoptées aux Etats-Unis entre 1993 et 1995. En 1996, vingt-quatre Etats avaient mis en vigueur ce type de lois, dont la caractéristique est de doubler la peine ou d'imposer une peine de prison à

[308] BENTHAM, Jeremy, *Introduction to the principles of morals and legislation*, *op. cit.*, p. 29-31 (traduction M.-L. Leroy).

vie à la suite de la deuxième ou de la troisième condamnation[309].

Il convient de distinguer parmi ces lois celles qui sont applicables pour les infractions mineures – comme en Californie, où la possession de marijuana peut entraîner la condamnation à la réclusion criminelle à perpétuité[310] – et celles qui sont réservées aux infractions sérieuses. Dans le premier cas, ces lois sont alors clairement injustifiables d'un point de vue utilitariste, puisque le tort causé par les infractions mineures de ce type ne peut justifier de ruiner la vie entière d'un individu. On peut ainsi mentionner le cas emblématique de l'Américain condamné à la réclusion criminelle à perpétuité pour avoir volé une part de pizza[311].

Lorsqu'elles sont restreintes aux infractions les plus sérieuses, ces lois semblent également injustifiées d'un point de vue utilitariste. Elles pourraient être défendables si leur effet dissuasif était très important, mais aucune étude ne signale aujourd'hui un tel effet. L'étude susmentionnée de Steven Levitt sur l'augmentation des peines en Californie dans les années 1980[312] conduit plutôt à penser qu'une part essentielle de leur efficacité potentielle est due à la neutralisation des individus emprisonnés, ce qui est, comme on l'a vu, inefficient d'un point de vue utilitariste. On peut donc en conclure, avec Tonry, que la politique pénale américaine a probablement davantage été conduite par opportunisme politique et par

---

[309] Voir LANDREVILLE, Pierre, *op. cit.*, p. 424-433.

[310] Voir KURKI, Leena, « International Standards for Sentencing and Punishment », in M. Tonry et R. Frase (ed.), *Sentencing and Sanctions in Western Countries*, New York : Oxford University Press, 2001, p. 331-378.

[311] Voir TONRY, Michael, *op. cit.*, p. 203.

[312] Voir KESSLER, Daniel et LEVITT, Steven D., « Using Sentence Enhancements to Distinguish between Deterrence and Incapacitation », *Journal of Law and Economics*, 42, 1999, p. 343-63.

volonté rétributive que par une analyse raisonnée des options disponibles[313].

Un autre domaine contemporain dans lequel les intuitions non utilitaristes peuvent aboutir à des résultats sous-optimaux est celui de la criminalité en col blanc. Il semble en effet que, dans certain cas, l'imposition d'amendes pour ce type d'infractions soit beaucoup plus efficiente que l'emprisonnement. Or notre intuition spontanée est plutôt que l'amende n'est pas une sanction convenable pour cette catégorie de criminels, puisque les délinquants ordinaires doivent risquer la prison pour des infractions d'une valeur monétaire très inférieure.

Il convient en premier lieu de rappeler que, d'un point vue utilitariste, la gravité d'une infraction dépend des souffrances causées, et non de la valeur des biens détournés. Or la délinquance en col blanc, du fait de son caractère non violent, éveille beaucoup moins de peurs et d'alarmes dans la population que les vols avec violence.

Mais surtout, étant donné la solvabilité des délinquants en col blanc et le caractère particulièrement calculé de ce type d'infractions, des amendes adaptées peuvent dans certains cas suffire à les dissuader efficacement. Or si l'on parvient à un même niveau de dissuasion par la prison et par l'amende, l'imposition de l'amende est largement préférable puisqu'elle permet d'éviter le coût financier et humain de la prison et qu'elle donne la possibilité à l'Etat d'utiliser la somme prélevée par l'amende pour entreprendre des actions bénéfiques au profit de la collectivité.

---

[313] Tonry signale ainsi que l'analyse économique du crime elle-même, qui se caractérise par une indifférence aux principes étrangers à la maximisation de l'utilité, a été sujette aux intuitions rétributives de leurs auteurs. En effet, ces derniers ont souvent « oublié » de prendre en compte la souffrance des criminels dans leurs calculs. Voir TONRY, Michael, *op. cit.*, p. 192.

Pour lutter contre la délinquance boursière, par exemple, on pourrait sanctionner les infractions d'une amende modulable en fonction du profit réalisé. La loi française prévoit un système de ce type pour les délits d'initiés puisqu'elle permet de porter le montant de l'amende jusqu'au décuple du profit réalisé ; ce type d'approche de la délinquance en col blanc pourrait ainsi être étendu à d'autres branches du droit pénal des affaires[314].

D'une manière générale, les peines non carcérales comme les amendes ou les peines complémentaires sont insuffisamment utilisées en droit français. Or les sanctions consistant à déclarer un homme politique inéligible, ou à interdire d'exercer des responsabilités de gestion à la suite de certaines infractions d'affaires, ont certainement une valeur dissuasive[315].

L'accusation récurrente selon laquelle la justice française fonctionnerait « à deux vitesses » n'est sans doute pas sans fondement, dans la mesure où les études précitées sur la prise de décision des jurés et des juges permettent d'émettre l'hypothèse que, *pour la même infraction*, un individu issu des classes populaires recevra en moyenne une peine supérieure à un individu issu des classes moyennes ou supérieures. Il paraît cependant mal avisé de souhaiter compenser ces inégalités injustifiées par le choix de sanctionner certains crimes en col blanc de façon inefficiente.

---

[314] Voir ROYER, Guillaume, *L'analyse économique et le droit criminel*, Paris : Le Manuscrit, 2004, p. 194.

[315] Guillaume Royer remarque par exemple que « l'article 225-20 4° du Code pénal paraît particulièrement efficace en matière de proxénétisme hôtelier puisqu'il prévoit 'l'interdiction d'exploiter, directement ou indirectement, les établissements ouverts au public ou utilisés par le public énumérés par la décision de condamnation' ». *Ibid.*, p. 196

Le même type de problématique est soulevé par Philipp Pettit et John Braithwaite[316]. Selon eux, suivre nos intuitions rétributives dans le cas des infractions commises par les grandes entreprises est souvent néfaste. En effet, la persuasion serait, pour ce type d'infractions, plus efficace que la répression, dans la mesure où les règles imposées aux entreprises évoluent constamment, que les coûts de détection des infractions de ce type sont prohibitifs, et que les règlementations gouvernementales ne couvrent jamais tous les risques existants. En outre, l'efficacité de la répression serait considérablement limitée par les moyens que ces compagnies peuvent mobiliser pour se défendre légalement. L'indulgence pénale serait donc requise pour éviter de provoquer chez les entreprises une « culture organisée de la résistance » qui serait contre-productive.

La recommandation conséquentialiste la plus contre-intuitive de ces deux auteurs est cependant l'abandon des poursuites et la négociation d'un accord dans le cas d'une compagnie qui a mis en danger la vie d'autrui. Le meilleur exemple de ce type est celui de la firme allemande *Chemie Grünenthal* qui fabriquait de la thalidomide – un médicament ayant des effets tératogènes importants – et dont les dirigeants ont été poursuivis pour dommage corporel volontaire et homicide involontaire[317]. Au bout de cinq ans d'un processus judiciaire interminable, les poursuites ont été abandonnées en échange d'un accord par lequel la firme acceptait de payer 31 millions de dollars en compensation aux victimes, en particulier les enfants malformés.

---

[316] Voir BRAITHWAITE, John et PETTIT, Philip, *Not just deserts : a republican theory of criminal justice*, Oxford : Oxford University Press, 1990, chap 9.

[317] *Ibid.*, chap 6.

La presse s'est insurgée contre une justice « *for sale* », mais ce type de commentaire paraît à courte vue, car il convient de prendre en compte la souffrance des familles qui s'étaient à ce stade battues depuis neuf ans, élevant leurs enfants handicapés sans aucune aide financière. La satisfaction liée au sentiment que justice a été faite valait-elle encore des années de privation pour ces familles, demandent Pettit et Braithwaite ? Comme les grands groupes industriels ont les moyens financiers et légaux de recourir à des moyens de procédure dilatoires, l'utilité publique peut parfois être mieux servie par des accords négociés, d'une part parce que ceux-ci demeurent dissuasifs, et d'autre part parce qu'ils peuvent permettre de minimiser les risques futurs ou de verser une compensation aux victimes.

Tout ceci illustre ainsi le peu de fiabilité de nos intuitions morales spontanées ainsi que les dommages qu'elles peuvent causer.

Conclusion

L'approche utilitariste de la sanction pénale possède de nombreux atouts. Alors que les théories rétributives ont des difficultés à fournir une argumentation solide en faveur du principe de proportionnalité ou du principe selon lequel il serait « permis » de punir un coupable et « interdit » de punir un innocent, l'utilitarisme offre de bonnes raisons d'adhérer – avec souplesse – à ces principes. Si l'on s'en tient au seul verdict de nos intuitions morales, cependant, l'approche utilitariste demeure dérangeante parce qu'elle ne donne pas les raisons que nous souffle notre conscience morale. Les théories rétributives ont beau être fragiles rationnellement, elles demeurent attrayantes tant que nous n'avons aucune raison de douter de la valeur de nos intuitions morales les plus solidement ancrées.

L'approche naturaliste fournit cependant un soutien décisif à l'utilitarisme pénal en remettant en cause la confiance instinctive que nous tendons à accorder à ces intuitions. En effet, la thèse causale conteste l'idée selon laquelle il serait permis de punir les coupables pour la seule raison que ceux-ci seraient moralement comptables de leurs actes. La thèse causale nous invite ainsi à percevoir les coupables même les plus rationnels comme des individus irresponsables et innocents moralement, parce qu'elle implique qu'il leur était impossible d'agir autrement.

A ce stade, trois choix normatifs sont possibles. Le premier consiste à se résoudre à punir des individus irresponsables moralement pour des raisons d'utilité publique, puisque ces raisons paraissent les seules capables de justifier rationnellement l'institution pénale. Inversement, on peut conclure de l'innocence morale des criminels qu'il n'est jamais justifié de les punir, et demander ainsi l'abolition de toute sanction pénale. Il est enfin théoriquement possible de persister à penser que nos intuitions sur la responsabilité morale restent valables même si les individus n'ont jamais le choix d'agir autrement. Ces deux derniers choix témoignent d'une confiance aiguë en la fiabilité de nos intuitions morales, puisque le premier consiste à préférer l'anarchie et le chaos plutôt que la condamnation d'un seul individu innocent moralement, et que le second revient à persister dans la croyance que certains criminels restent coupables moralement même s'ils sont intégralement déterminés.

La théorie de l'évolution permet alors de relativiser nos intuitions morales, car elle montre que l'intuition rétributive qui nous fait penser qu'il est intrinsèquement juste de punir un coupable est le produit d'une réaction émotionnelle sélectionnée au cours de l'histoire évolutive pour la seule raison qu'elle conférait un avantage adaptatif à ceux qui la possédaient. C'est parce que nous « voyons » les coupables à travers un filtre émotionnel rétributif qu'il nous semble acceptable – ou même requis – de les sanctionner, et c'est parce que nous ne « voyons » pas les innocents avec ce même filtre qu'il nous paraît scandaleux de les punir. L'origine évolutionniste de notre psychologie morale conduit ainsi à relativiser l'importance de nos intuitions morales dans leur ensemble, car le fait qu'elles soient issues d'un processus aléatoire et sans finalité ne peut être un signe de leur validité. Et même s'il demeure théoriquement possible de penser qu'il existe des propriétés morales objectives, indépendantes de notre cerveau, que la sélection naturelle nous aurait conduits par hasard à percevoir adéquatement, il reste que l'existence de telles propriétés paraît trop peu crédible pour être sérieusement défendue.

La naturalisation de l'homme conduit à naturaliser la morale, et la naturalisation de la morale conduit à en montrer le caractère projectif et illusoire. Lorsqu'on abandonne la croyance en l'existence d'obligations morales objectives, les deux choix normatifs non utilitaristes évoqués perdent leur attrait, et l'utilitarisme pénal devient la justification la plus convaincante de la sanction pénale. S'il n'existe pas de libre arbitre, de responsabilité morale ou de principes de justice intangibles, les raisons les plus séduisantes psychologiquement pour justifier la peine semblent les raisons utilitaristes. Celles-ci ont de surcroît l'avantage incontestable d'être formulées sous forme de propositions empiriques, lesquelles sont plus fructueuses pour le débat public que des argumentations sur le juste et l'injuste par nature insolubles.

S'agissant de l'application concrète de l'utilitarisme pénal, les études empiriques les plus crédibles montrent que la sanction pénale se justifie essentiellement parce qu'elle permet de dissuader un grand nombre d'infractions, et non parce qu'elle permettrait de réhabiliter ou de neutraliser les délinquants. Conformément aux intuitions de Beccaria, la valeur dissuasive de la peine provient beaucoup plus de sa certitude que de sa sévérité, ce qui plaide pour des peines aussi légères que possible, mais appliquées avec fermeté. Les exemples précis d'application de l'approche utilitariste montrent enfin à quel point une confiance excessive dans nos intuitions morales peut aboutir à des résultats indésirables.

L'ensemble de ces réflexions ne sont pas sans enseignement sur la valeur de l'utilitarisme en général. La thèse causale soutient l'approche conséquentialiste puisqu'elle relativise la valeur morale des motifs et des intentions des individus et incite ainsi à ne se préoccuper que des *conséquences* de leurs actions. La théorie de l'évolution et la remise en cause de l'objectivité des normes morales conduit à atténuer nos intuitions morales anti-utilitaristes. Et l'examen de la sanction pénale montre qu'elle n'est rien d'autre que le sacrifice de quelques-uns au profit du plus grand nombre, ce qui remet en cause l'objection majeure de Rawls à l'utilitarisme, selon laquelle les sacrifices imposés à un petit nombre ne peuvent être compensés par l'augmentation des avantages du plus grand nombre.

L'approche utilitariste mériterait par conséquent de sortir de l'ombre ; son renouveau pourrait ainsi former, avec la révolution naturaliste, l'occasion de redécouvrir et d'approfondir ce que nous a apporté le siècle des Lumières.

Bibliographie

ALEXANDER Amanda, « Bentham, Rights and Humanity : A Fight in Three Rounds », *Journal of Bentham Studies*, 6, 2003.

ANDENAES, Johannes, *Punishment and Deterrence*, Ann Arbor : University of Michigan press, 1974.

ANDERSON, S. W., BECHARA, A., DAMASIO, H., TRANEL, D. et DAMASIO, A.R., « Impairment of social and moral behavior related to early damage in human prefrontal cortex », *Nature Neuroscience*, novembre 1999, p. 1032-1037.

AUDARD, Catherine, *Anthologie historique et critique de l'utilitarisme*, Paris : Presses Universitaires de France, 1999, 3 volumes.

BAGARIC, Mirko et AMARASEKARA, Kumar, « The Errors of Retributivism », *Melbourne University Law Review*, 24, 2000, p. 1-66.

BAGARIC, Mirko, *Punishment and Sentencing : A Rational Approach*, London : Cavendish Publishing, 2001.

BAUMARD, Nicolas, *Les sciences sociales et la philosophie face à la biologie contemporaine*, Mémoire de maîtrise, Université de Paris IV (non publié, disponible en ligne : http://nicolas.baumard.free.fr)

BECCARIA, Cesare, *Des délits et des peines*, Genève : Droz, 1965.

BECKER, G. S., « Crime and Punishment : An Economic Approach », *Journal of Political Economy*, 76 (2), mars-avril 1968, p. 169-217.

BENTHAM, Jeremy, « De l'influence des temps et des lieux en matière de législation », in *Principes de législation et d'économie politique,* Paris : Guillaumin, 1888.

BENTHAM, Jeremy, « Sophismes anarchiques », in *Tactique des assemblées législatives suivie d'un traité des sophismes politiques*, Paris : Bossange, 1822.

BENTHAM, Jeremy, *Fragment sur le gouvernement ; Manuel des sophismes politiques,* Paris : LGDJ, 1996.

BENTHAM, Jeremy, *Introduction to the principles of morals and legislation*, Oxford : Clarendon press, 1996.

BENTHAM, Jeremy, *Défense de la liberté sexuelle : écrits sur l'homosexualité*, Paris : Mille et une nuits, 2004.

BLACKBURN, Simon, « Error and the Phenomenology of Value », in S. Blackburn, *Essays in Quasi-Realism*, New York : Oxford University Press, 1993, p. 149-165.

BOUDON, Raymond, « Théorie du choix rationnel ou individualisme méthodologique ? », *Sociologie et Sociétés*, 34 (1), 2002, p. 9-34.

BRAITHWAITE, John et PETTIT, Philip, *Not just deserts : a republican theory of criminal justice*, Oxford : Oxford University Press, 1990.

BURGH, Richard, « Do the Guilty Deserve Punishment ? », *The Journal of Philosophy*, 79, 1982, p. 193-210.

CAMERER, Colin, LOEWENSTEIN, George, PRELEC, Drazen, « Neuroeconomics : How neuroscience can inform economics », *Journal of Economic Literature,* 43, mars 2005, p. 9-64.

CHANTRAINE, Gilles, « Prison, risque, contrôle : Mutations de l'emprise carcérale », *Ecorev*, n°15, 19 janvier 2004, p. 9-13.

COSMIDES, Leda et TOOBY, John, « Better than Rational : Evolutionary Psychology and the Invisible Hand », *American Economic Review*, 84 (2), 1994, p. 327-32.

COSMIDES, Leda et TOOBY, John, « Evolutionary psychology : a primer », disponible en ligne : www.psych.ucsb.edu/research/cep/primer.html.

CULLEN, Francis, « Rehabilitation and Treatment Programs », in J. Q. Wilson et J. Petersilia (eds.), *Crime : Public Policies for Crime Control*, Oakland (Calif) : ICS Press, 2002, p. 253-289.

CUSSON, Maurice, *Le contrôle social du crime*, Paris : Presses Universitaires de France, 1983.

CUSSON, Maurice, *Pourquoi punir ?*, Paris : Dalloz, 1987.

CUSSON, Maurice, *Criminologie actuelle*, Paris : Presses Universitaires de France, 1998.

CUTTON-BROCK, T. H., et PARKER, G. A., « Punishment in animal societies », *Nature*, 373 (6511), janvier 1995, p. 209-16.

DALY Martin et WILSON, Margo, « Crime and conflict : homicide in evolutionary psychological perspective », *Crime and Justice*, 22, 1997, p. 51-100.

DAMASIO, Antonio, *Spinoza avait raison : joie et tristesse, le cerveau des émotions*, Paris : Odile Jacob, 2003.

DARWALL, Steven, GIBBARD, Allan, RAILTON, Peter, « Toward a Fin de Siècle Ethics : Some Trends », *Philosophical Review*, 101, 1992, p. 115-189.

DAWKINS, Richard, *Le gène égoïste*, Paris : Odile Jacob, 2003.

DENNETT, Daniel C., *Darwin est-il dangereux ? : l'évolution et le sens de la vie,* Paris : Odile Jacob, 2000.

DOLINKO, David, « Three Mistakes of Retributivism », *U.C.L.A. Law Review*, 39, 1992, p. 1623-57.

DUPUY, Jean-Pierre, *Le sacrifice et l'envie : le libéralisme aux prises avec la justice sociale*, Paris : Calmann-Lévy, 1992.

ELSTER, Jon, « Functional explanation : in Social science », in May Brodbeck (ed.), *Readings in the philosophy of the social sciences*, New York : Macmillan, 1968, p. 403-415.

FEHR, Ernst et GACHTER, Simon, « Altruistic punishment in humans », *Nature,* 415, 10 janvier 2002, p. 137-140.

FEINBERG, Joel, « The Expressive Function of Punishment », in *Doing and Deserving*, Princeton University Press, 1970, p. 95-118.

FOUCAULT, Michel, *Surveiller et punir*, Paris : Gallimard, 1975.

FRANKFURT, Harry, « Freedom of the Will and the Concept of a Person », in G. Watson (ed.), *Free Will*, Oxford : Oxford University Press, 1982, p. 81-95.

FRASE, Richard S., « Comparative Perspectives on Sentencing Policy and Research », in M. Tonry et R. Frase (ed.), *Sentencing and Sanctions in Western Countries*, New York : Oxford University Press, 2001, p. 259-293.

FRIEDMAN, David, *Vers une société sans Etat,* Paris : Belles Lettres, 1992.

FRIEDMAN, David, « Rational Criminals and Profit-Maximizing Police : Gary Becker's Contribution to the Economic Analysis of Law and Law Enforcement », in M. Tommasi and K. Ierulli (ed.), *The New Economics of Human Behavior*, 1995, p. 43-58.

GARAPON, Antoine et SALAS, Denis, *La République pénalisée*, Paris : Hachette, 1996.

GARAPON, Antoine, « La justice reconstructive », in A. Garapon, F. Gros et T. Pech, *Et ce sera justice : punir en démocratie*, Paris : Odile Jacob, 2001, p. 245-324.

GARLAND, David et DUFF, R. A., « Thinking about Punishment » in D. Garland et R. A. Duff (ed.), *A reader on punishment*, New York : Oxford University Press, 1994, p. 1-43.

GASSIN, Raymond, *Criminologie*, Paris : Dalloz, 2003.

GIBBARD, Allan, *Sagesse des choix, justesse des sentiments : une théorie du jugement normatif*, Paris : Presses Universitaires de France, 1996.

GLAESER, Edward. L. et SACERDOTE, Bruce, « The Determinants of Punishment : Deterrence, Incapacitation and Vengeance », Harvard Institute of Economic, Research Paper n°1894, avril 2000.

GOODIN, Robert E., *Utilitarianism as a public philosophy*, Cambridge : Cambridge University Press, 1995.

GREENE, Joshua D., *The Terrible, Horrible, No Good, Very Bad Truth About Morality and What to Do About It*, Ph.D. Thesis, Princeton University, 2002.

GREENE, Joshua D., « From neural 'is' to moral 'ought' : what are the moral implications of neuroscientific moral psychology ? », *Nature Reviews Neuroscience*, 4, 2003, p. 847-850.

GREENE, Joshua et COHEN, Jonathan, « For the law, neuroscience changes nothing and everything »,

Philosophical Transactions of The Royal Society of London : Biological Sciences, 2004, p. 1775-85.

GREENE, Joshua D., « Cognitive neuroscience and the structure of the moral mind », in S. Laurence, P. Carruthers, et S. Stich. (ed.), *Innateness and the Structure of the Mind*, Vol. I., Oxford University Press (à paraître).

GROENHUIJSEN, M.S., BRIENEN, M.E.I., et HOEGEN, E.H., « Evaluation and Meta-Evaluation of the Effectiveness of Victim-Oriented Legal Reform in Europe », *Criminologie*, 33 (1), 2000, p. 121-144.

GROS, Frédéric, « Les quatre foyers de sens de la peine », in A. Garapon, F. Gros et T. Pech, *Et ce sera justice : punir en démocratie*, Paris : Odile Jacob, 2001, p. 11-138.

GUILLARME, Bertrand, *Rawls et l'égalité démocratique*, Paris : Presses Universitaires de France, 1999.

GUILLARME, Bertrand, *Penser la peine,* Paris : Presses Universitaires de France, 2003.

GUILLO, Dominique, *Sciences sociales et sciences de la vie*, Paris : Presses Universitaires de France, 2000

HAIDT, Jonathan, « The emotional dog and its rational tail : A social intuitionist approach to moral judgment », *Psychological Review*, 108, 2001, p. 814-834.

HAIDT, Jonhatan, CRAIG, Joseph, « Intuitive ethics : how innately prepared intuitions generate culturally variable virtues », *Daedalus* (*on human nature*), 2004, p. 55-66.

HARDIN, Russel, *Morality within the limits of reason*, Chicago, Ill. : University of Chicago Press, 1988.

HARE, Richard Mervyn, « Ethical Theory and Utilitarianism », in A. Sen et B. Williams (ed.),

Utilitarianism and Beyond, Cambridge : Cambridge University Press, 1982, p. 23-39.

HARRISON, Ross, « Rosen's sacrifice of utility », *Utilitas*, 10, 1998, p. 159-164.

HARSANYI, John, « Morality and the Theory of Rational Behaviour », in A. Sen et B. Williams (ed.), *Utilitarianism and Beyond*, Cambridge University Press, 1982, p. 39-53.

HART, H. L. A., *Punishment and Responsibility*, Oxford : Clarendon press, 1988.

HELVETIUS, Claude-Adrien, *De l'Esprit*, Paris : A. Fayard, 1988.

VON HIRSCH, Andrew, BOTTOMS, Antony, BURNEY, Elizabeth et al., *Criminal deterrence and sentence severity : an analysis of recent research*, Oxford : Hart publ., 1999.

HONDERICH, Ted, *Punishment, the supposed justifications,* Harmondsworth : Penguin Books, 1971.

HUME, David, *Traité de la nature humaine*, Paris : Aubier, 1946.

JOYCE, Richard, *The myth of morality,* Cambridge : Cambridge university press, 2001.

KANT, Emmanuel, *Métaphysique des Mœurs*, I, *Doctrine du droit*, Paris : Vrin, 1968.

KANT, Emmanuel, *Critique de la raison pratique,* Paris : PUF, 2000.

KAPLOW, Louis et SHAVELL, Steven, *Fairness versus welfare*, Cambridge, Mass. : Harvard University Press, 2002.

KESSLER, Daniel et LEVITT, Steven D., « Using Sentence Enhancements to Distinguish between Deterrence and Incapacitation », *Journal of Law and Economics*, 42, 1999, p. 343-63.

KURKI, Leena, « International Standards for Sentencing and Punishment », in M. Tonry et R. Frase (ed.), *Sentencing and Sanctions in Western Countries*, New York : Oxford University Press, 2001, p. 331-378.

KYMLICKA, Will, *Les théories de la Justice, une Introduction,* Paris : Découverte, 1999.

LEROY, Marie-Laure, *Félicité publique et droits de l'individu dans l'utilitarisme de Jeremy Bentham,* Thèse de doctorat, Besançon, 2003.

LANDREVILLE, Pierre, « Va-t-on vers une américanisation des politiques de sécurité en Europe ? », in L. Muchielli et P. Robert (sous la dir. de), *Crime et sécurité, l'état des savoirs*, Paris : La Découverte, 2002, p. 424-433.

LEVITT, Steven D., « The Effect of Prison Population Size on Crime Rates : Evidence from Prison Overcrowding Litigation », *The Quarterly Journal of Economics*, 111 (2), 1996, p. 319-51.

LEVITT, Steven D., « Juvenile Crime and Punishment », *Journal of Political Economy*, 106, 1998, p. 1156-85.

LEVITT, Steven D., « Why Do Increased Arrest Rates Appear to Reduce Crime : Deterrence, Incapacitation, or Measurement Error ? », *Economic Inquiry*, 36 (3), 1998, p. 353-372.

LEVITT, Steven D., « Deterrence », in J. Q. Wilson et J. Petersilia (eds.), *Crime : Public Policies for Crime Control*, Oakland (Calif) : ICS Press, 2002, p. 435-450.

LEVITT, Steven D., « Using Electoral Cycles in Police Hiring to Estimate the Effects of Police on Crime : Reply », *American Economic Review*, 92 (4), 2002, p. 1244-1250.

LEVITT, Steven D., KATZ, Lawrence et SHUSTOROVICH, Ellen, « Prison Conditions, Capital Punishment, and Deterrence », *American Law and Economics Review*, 5 (2), 2003, p. 318-343.

LEVITT, Steven D, « Understanding Why Crime Fell in the 1990s : Four Factors That Explain the Decline and Six That Do Not », *Journal of Economic Perspectives*, 18 (1), 2004, p. 163-190.

MACKIE, John, *Ethics : inventing right and wrong*, New York : Penguin, 1977.

MACKIE, John, « Morality and the retributive emotions », *Criminal Justice Ethics*, in J. Mackie, *Selected papers,* Oxford : Clarendon Press, 1985, p. 206-219.

MACKIE, John, « Retributivism : A Test Case for Ethical Objectivity », in J. Feinberg et H. Gross (ed.), *Philosophy of law*, Fourth ed. Belmont (Calif.) : Wadsworth, 1991, p. 677-684.

MALANI, Anup, « Does the Felony-Murder Rule Deter Crime ? Evidence from FBI Crime Data », à paraître dans le *Journal of Legal Studies*.

MILL, John Stuart, *Le Gouvernement représentatif*, Paris : Guillaumin, 1877.

MILL, John Stuart, *L'Utilitarisme, Essai sur Bentham*, Paris : Presses universitaires de France, 1998.

NAGIN, Daniel, « Deterrence and incapacitation », in M. Tonry (ed.), *The handbook of crime and punishment,* Oxford : Oxford University Press, 2000, p. 345-368.

NOZICK, Robert, *Anarchie, État et utopie,* Paris : Presses Universitaires de France, 1988.

PETERSILIA, Joan, « Community corrections », in J. Q. Wilson et J. Petersilia (eds.), *Crime : Public*

Policies for Crime Control, Oakland (Calif) : ICS Press, 2002, p. 483-507.

PINKER, Steven, *Comment fonctionne l'esprit*, Paris : Odile Jacob, 1997.

PINKER, Steven, *Comprendre la nature humaine*, Paris : Odile Jacob, 2005.

PHILIPS, Michael, « The Inevitability of Punishing the Innocent », *Philosophical Studies*, 48, 1985, p. 389-391.

POSNER, Richard, « An Economic Theory of the Criminal Law », *Columbia Law Review*, 85, 1985, p. 1193-1231.

POSNER, Richard, *The problematics of moral and legal theory*, Cambridge, Mass. : The Belknap Press of Harvard University Press, 1999.

POSNER, Richard, *Law, pragmatism and democracy*, Cambridge, Mass. : Harvard University Press, 2003.

POUPART, Jean, « Choix rationnel et criminologie : limites et enjeux », *Sociologie et Sociétés*, 34 (1), 2002, p. 133-145.

PRADEL, Jean, *Droit pénal comparé,* Paris : Dalloz, 2002.

PRADEL, Jean, *Manuel de droit pénal général*, Paris : Ed. Cujas, 2004.

PRIMORATZ, Igor, *Justifying Legal Punishment*, Atlantic Highlands, N. J. : Humanities Press, 1989.

DE QUERVAIN, D. J-F, FISCHBACHER, U., TREYER, V., SCHELLHAMMER, M., SCHNYDER, U., BUCK, A., FEHR, E., « The Neural Basis of Altruistic Punishment », *Science*, 305, 2004, p. 1254-1258.

RAWLS, John, « Two Concepts of Rules », *Philosophical Review*, 64, 1955, p. 3-32.

RAWLS, John, « Kantian constructivism in moral theory : Construction and Objectivity », *Journal of Philosophy*, 77, 1980, p. 554-572.

RAWLS, John, *Théorie de la justice*, Paris : Seuil, 1987.

RILLING, J. K., GUTMAN, D. A., ZEH, G., PAGNONI, G., BERNS, G.S., KILTS, C.D., « A neural basis for social cooperation », *Neuron*, 18 ; 35 (2), Juillet 2001, p. 395-405.

ROBINSON, Paul H. et DARLEY, John M., « The Utility of Desert », *Northwestern University Law Review*, 91, 1997, p. 453-499.

ROBINSON, Paul, H., « One Perspective on Sentencing Reform », 8, *Criminal Law Forum*, 1997, p. 1-41.

ROBINSON, Paul H. et DARLEY, John M., « The Role of Deterrence in the Formulation of Criminal Law Rules : At Its Worst When Doing Its Best », *Georgetown Law Journal*, 91, 2003, p. 949-1002.

ROCHE, Sebastian, « La répression en panne », in S. Roché (sous la dir.), *En quête de sécurité : causes de la délinquance et nouvelles réponses*, Paris : Armand Colin, 2003, p. 213-227.

ROSEN, Frederick, « Utilitarianism and the Punishment of the Innocent : The Origins of a False Doctrine », *Utilitas*, 9 (1), 1997, p. 23-37.

ROYER, Guillaume, *L'analyse économique et le droit criminel*, Paris : Le Manuscrit, 2004.

RUSE, Michael, « Une défense de l'éthique évolutionniste », in J. P. Changeux (dir.), *Fondements naturels de l'éthique*, Paris : Odile Jacob, 1993, p. 35-64.

SALAS, Denis et LAMEYRE, Xavier, préface de CHRISTIE, Nils, *L'industrie de la punition : prison et politique pénale en Occident*, Paris : Ed. Autrement, 2003.

SEMPLE, Janet, « Foucault and Bentham : A Defence of Panopticism », *Utilitas*, 4, 1992, p. 105-20.

SMART, J. J. C. et WILLIAMS, Bernard, *Utilitarisme : le pour et le contre*, Genève : Labor et Fides, 1997.

SOMMERS, Tamler, ROSENBERG, Alex, « Darwin's Nihilistic Idea : Evolution and the Meaninglessness of Life », *Biology and Philosophy*, 18 (5), novembre 2003, p. 653-658.

SPERBER, Dan, « Les sciences cognitives, les sciences sociales et le matérialisme », *Le Débat*, 47, novembre-décembre 1987, p. 105-115.

SPERBER, Dan, « Individualisme méthodologique et cognitivisme », in R. Boudon, F. Chazel et A. Bouvier (ed.), *Cognition et sciences sociales*, Paris: Presse Universitaires de France, 1997, p. 123-136.

SPERBER, Dan, « Voir autrement la culture », in Roger-Pol Droit et Dan Sperber, *Des Idées qui viennent*, Paris : Odile Jacob, 1999, p. 91-105.

SPINOZA, *Ethique*, Paris : Flammarion, 1996

SRIPADA, Chandra et STICH, Stephen, « A Framework for the Psychology of Norms », in S. Laurence, P. Carruthers, et S. Stich. (ed.), *Innateness and the Structure of the Mind*, Vol. II., Oxford University Press (à paraître).

SRIPADA, Chandra S., « Punishment and the strategic structure of moral systems », *Biology and philosophy*, 20 (4), 2005, p. 767-789.

STRAWSON, Galen, « Free will », in E. Craig (ed.), *Routledge Encyclopedia of Philosophy*, London : Routledge, 2004.

STRAWSON, Peter, « Freedom and Resentment », in G. Watson, *Free Will*, Oxford : Oxford University Press, 1982, p. 59-80.

SUNSTEIN, Cass R., SCHKADE, David and KAHNEMAN, Daniel, « Do People Want Optimal

Deterrence ? », *Journal of Legal Studies*, 29 (1), 2000, p. 237-253

TONRY, Michael, *Thinking about crime : sense and sensibility in American penal culture*, New York : Oxford University Press, 2004.

VAN PARIJS, Philippe, *Qu'est-ce qu'une société juste ?*, Paris : Seuil, 1991

VERGARA, Francisco, *Les fondements philosophiques du libéralisme : libéralisme et éthique*, Paris : La Découverte, 2002.

DE WAAL, Franz, *La politique du chimpanzé*, Paris : Odile Jacob, 1995.

DE WAAL, Franz, *Le bon singe : les bases naturelles de la morale*, Paris : Bayard éd., 1997.

WACQUANT, Loïc, *Les prisons de la misère*, Paris : Raisons d'Agir, 1999.

WACQUANT, Loïc, « Les scories de l'Amérique, Toxicomanes, psychopathes et sans-abri remplissent les prisons, *Ecorev*, n°15, 19 janvier 2004, p. 25-29.

WACQUANT, Loïc, *Punir les pauvres : le nouveau gouvernement de l'insécurité sociale*, Marseille : Agone, 2004.

WALGRAVE, Lode, « La justice restaurative : à la recherche d'une théorie et d'un programme », *Criminologie*, 32 (1), 1999, p. 19.

WILSON, Edward O., *L'unicité du savoir : de la biologie à l'art, une même connaissance*, Paris : R. Laffont, 2000.

WILSON, James Q., *Le sens moral*, Paris : Plon, 1995.

WRIGHT, Robert, *L'animal moral : psychologie évolutionniste et vie quotidienne*, Paris : Michalon, 1995.

646961 - Mars 2016
Achevé d'imprimer par

1livre.com
du rêve à la réalité !